AF498448

Johannes Schlaf

Gesammelte Gedichte in einem Band

e-artnow 2019

Oscar Wilde
Gesammelte Werke

Mark Twain, Nathaniel Hawthorne
Amerikanische Kurzgeschichten - Die Besten Erzählungen von Poe, Mark
Twain, Herman Melville, O. Henry, Washington Irving und anderen

Alexandre Dumas
Ein Liebesabenteuer

John Henry Mackay
Gesammelte Gedichte: 110 Titel in einem Band

Gotthold Ephraim Lessing
Gesammelte Gedichte

Ludwig Tieck
Gesammelte Gedichte (Über 360 Titel in einem Band)

Eugenie Marlitt
Die schönsten Gedichte von Eugenie Marlitt

Joachim Ringelnatz
Gedichte, Gedichte von Einstmals und Heut

Theodor Storm
Gesammelte Gedichte

Friedrich Rückert
Kindertodtenlieder

Johannes Schlaf

Gesammelte Gedichte in einem Band

e-artnow, 2019
Kontakt: info@e-artnow.org

ISBN 978-80-273-1866-7

Inhaltsverzeichnis

Frühling

Draußen am Hinterdeich hab ich mein Duselplätzchen.
Ein kleines Stündchen gehts durch die blütendurchwölkten Gärten, an Blu-

menbeeten, Gräben, Wiesen und Feldern vorbei, und ich bin an Ort und
Stelle.
Und dann lieg ich tief im Gras, in der hellen Sonne, die Hände unterm

Genick, und pfeife und simuliere in den blauen Himmel und die milch-
weißen Frühlingswolken hinein. Blühender Weißdorn über mir. Der frische
Wind drin und Bienen, Hummeln, Fliegen und Schmetterlinge. In die Län-
ge und Breite dehnen sich vor mir die Wiesen hell gegen dunkelgrüne Bin-
senstrecken hin zum Fluß hinunter, wogen und gleißen mit smaragdenen
Wellen. Und in weiten Farben breitet sich roter Sauerampfer dazwischen und
lilaweißes Schaumkraut mit zierlichen Dolden, gelbe Ranunkeln und Kuh-
blumen, und mit feinem rauchigen Silberflimmer die tausend und tausend
Lichterchen der Butterblumen.
Langsam, im Schritt weidend, tauchen Kühe drüben auf dem andern Ufer

aus dem frischgrünen, lichtflinkernden Erlengehölz. Braune, schwarze und
gefleckte. Sie rupfen und brüllen. Und gemächlich her bis gegen die blit-
zende stillgleitende Fläche. Hoch aber aus dem weitgewölbten weißlichen
Blau die Lerchen, und Kibitze hinter mir auf den Wiesenbreiten, Elstern
und Raben. Kuckuck, Stare und Finken im Gehölz, und aus den tiefen grü-
nen Dämmerungen heraus die Nachtigall.
Fern, weit vom Fluß herübergetragen, das Tuten eines Dampfers und das

Kreischen der Möwen.
Hergetragen und verweht, aufjubelnd und verebbend hundert und hundert

Laute und Lieder; und der herrliche, fröhliche Tumult der weiten Farben:
hell, verhauchend, nah und fern, gleißend und sänftigend.
Und die warme, helle Sonne. Die stille, stille Sonne ...

*   *   *

Meiner Einsamkeit entgegen.
So lustig bin ich, so stillfröhlich, so zutäppisch liebevoll wie ein Kind.

Mit jedem Pulsschlag, mit jedem Beben meines Körpers, mit jeder Bewe-

gung liebkose ich die weit und lustig gebreitete Welt. Und mich liebkosen
die Käfer, die Blumen und Bäume mit Summen und Blüten und Laub, mit
Farben und Düften und hundert sanften Berührungen. Der leise Wind durch
Blätter und Gezweig liebkost mich, kühle Schatten und helle, warme Lichter,
blaue Fernen und heitre Nähen, ziehende Wolken und Wellen.
Zwischen einem Getreidefeld und dem Erlengebüsch eines Grabens schlen-

dr' ich hin.
Hoch ragt es über mich hinauf, hinein in endlos tiefe, klare Bläue. Licht-

glänzendes Laub und wogende, wellende Halme biegen sich zu mir her, vor mir, hinter mir, zu beiden Seiten. Ganz, ganz versunken bin ich in jungem, duftenden Grün; über und über ist mein Kleid voll gelben Samenstaubes und feinen Blütengeriesels.

Kühles, wogendes, anschmiegendes Schmeicheln. Weite, weite jubelnde

Bläue. Mückenspiel vor mir her, und auf blinkendem Gekräusel stille, weiße Blumen ...

* * *

Hier lieg ich nun unter meinem Weißdorn, spiele und wandle mich nach Herzenslust.

Ich bin der alte Braak-Klaas. Bin über achtzig Jahre alt. Weißhaarig, mit

rosigem Gesicht und hundert freundlichen Runzeln sitz ich vor meiner Tür. Habe lange rote Strümpfe, schwarzbauschige Kniehosen und eine hellblaue Weste an mit zwei Reihen dicker Silberknöpfe. Starkknochig sind meine Handgelenke, und lässig liegen meine braunrunzligen Hände auf den Knien, breit, behaart, mit dicken, knotigen Fingern und Adern. Ich sitze vor meinem Haus und zwinkre unter weißen Brauen in die sonnigen Apfelblüten hinein.

Hoch und langgestreckt mit goldiggrünen Moosflecken hebt sich über mir

das mächtige, braunverwitterte Strohdach über der niedrigen Backsteinwand mit ihren weißen Kirschblüten und ihren Fensterchen breit in die blaue Klarheit.

Die Vögel singen in meinem Garten, und oben im Nest um die Giebel-

drachenköpfe herum klappert der Storch bei der brütenden Storchmutter. Durch die offene Halbtür, von der Diele, weht ein feines, blaues Räuchlein vom Herd her in die warme, sonnenzitternde Luft. Mächtige Eichenschränke stehn da drin im kühlen Dunkel, zwei Jahrhunderte alt, und massives, rauchverdunkeltes Gerät mit hellbraunen, eingelegten Blumen und Vögeln, und rotbäckige Enkelkinder spielen auf dem glatten Estrich.

Drüben blinkert das Braak zwischen blühendem Gebüsch durch. Ein Fische-

wer schwebt still vorüber mit rotbraunem, weitgebauschtem Segel. Über blumenbunten Beeten flimmert die warme Luft, und der Flieder duftet, und überall arbeiten sie in den Gärten.

Klug bin ich, schlau für zwölfe, mit meinen blinzelnden, wasserblauen Äu-

gelchen, und meine Gedanken sind geschwätzig und plaudern von meinen achtzig Jahren, plaudern und nehmen Anteil, stillen, spöttischen Anteil.

Mild bin ich, freundlich, zufrieden, klug und hindämmernd müde ...

* * *

Und jetzt bin ich ein Kind.

In einem roten Leibchen sitze ich auf einem Schubkarren, ganz eingewühlt

in gelbe Blumen unter weißen, tiefhängenden Blüten, kreische und patsche mit dicken Ärmchen. Und wieder still. Staune und starre mit weiten klaren Augen in tausend sonnige Wunder hinein. Erkenne wieder und lerne zu. Und wie Staunen, Lust, Furcht und Begier wunderlich aus mir herausstammeln,

wächst leise, leise in mir eine goldigfrische Welt; knospet und treibt und
will blühen.
Von tausendfarbigen Hoffnungen jauchzt, braust, leuchtet und umduftet

mich die weite Welt, und die blau verhauchenden Fernen locken in unschul-
diger, reiner, frühlingsfrischer Pracht, locken so fern, so weit, so wunder-
bar ...

* * *

Tiefer den Kopf ins Gras zurück.
Nun macht mich mein begehrender, ahnender Sinn kleiner und immer klei-

ner, und nun bin ich winzig, ganz ganz winzig klein.
Ich habe ein goldgrünes Röckchen auf einem runden, festen, geschmeidigen

Körperchen, tripple mit sechs flinken Beinchen und habe zwei Äugelchen
wie rote Rubinen, zwei scharfe, feine Äugelchen. Schlüpfe, schmiege, winde
mich durch eine wunderliche, üppig verschlungene Endlosigkeit, wandere
und weile, und wandere wieder, emsig, rastlos.
Von hier bis zum Fluß hinunter sind nun viele, viele Meilen, und da unten

ist ein Meer, ein unabsehbares, strahlendes Meer.
Ich wandre und wandre, raste mit atemlosem Staunen, und wandre wieder,

schaue und staune.
Jetzt bin ich tief, tief unten, in einem feuchten, braunen Dunkel. Da ist

ein millionenfältiges Gewirr von Formen, Farben und Körpern. Da spreizt
sich in dicken, dichten Ranken häres Gekrissel, da filzt es sich über- und
durcheinander mit Milliarden von Spitzchen und Hälmchen, von Blättchen,
Knöspchen und Blüten. Millionen mächtiger Stämme im dichten Beieinan-
der streben draus empor. Große, rote Würmer schlingen sich zwischen ih-
nen hin, und es kribbelt, und schlüpft und kriecht und schmiegt sich, zirpt,
singt, pfeift und raschelt in einer Welt von Tönen, die noch nie mein vordem
ungefüges Menschenohr vernommen hat, von Formen und Körpern, dunkel
und bunt, wie sie nie mein Menschenauge sehen konnte. Die seh ich alle mit
meinen feinen, roten Äugelchen, und höre sie mit einem scharfen, unendlich
scharfen Gehör, und nehme das alles wahr mit zarten Sinnen.
Da glimmt Feuchte in feinen Perlchen, und in ihnen lebt das durchsichtige

Getümmel neuer Welten in heimlicher Irispracht. Da dehnt es zarte Körper-
wände und zieht sie zurück. Da rinnt es zusammen, wächst und teilt sich.
Da keimt es und bildet sichs, verschlingt und wehrt sichs im unendlichen
Wechsel, im ewigen Hin und Wieder.
Und aus tiefstem braunen Dämmer streb ich hinauf am Schaft eines Grases,

das nun ein Baum ist, ein mächtiger Baum, und strebe einem Schimmer
nach, einem Glanz entgegen.
Ich fühle, wie es unter mir dadrinnen sich dehnt und mehrt, wie es rauscht

von Säften und gärt mit freudigem, sehnendem Wachstum. Und nun teilt
sich der Schaft in breite, langgespreizte Halme, und sie wieder mischen sich

in ein milliardenfältiges, lichtgrünes Gewirr im ewigen Wechsel schwankender Biegungen. Millionen mächtiger Diamanten aneinander hingereiht in gleißender Pracht an den Rändern langgestreckter Stengelblätter. Flinkern und Leuchten silbriger Härchen. Lustiges Getier dazwischen mit tausend Tönen und Farben, mit Zirpen, Summen, Schrillen und Jauchzen, mit schwirrender Flügelpracht.
Lichter wird es nun und lichter. In einem sanften Biegen und Wiegen bin ich.

Da seh ich die unerhörte Schönheit riesiger, leuchtender Farbenwunder gegen ein unendliches, laut, laut jubelndes Blau. Mächtige, silberweiße Sterne schaukeln da oben mit blitzenden Schwingungen auf schlanken, rauchflaumigen Stielen. Ich sehe runden Silberrauch, der sich um weißgrüne Kelchknöpfe ballt. Und blendend goldene große und kleine Sterne. Sanftgewiegte, still strahlende, fröhlich blitzende Wunder. Unzählige blaue, lilaweiße, rote, violette, tausendfarbige Kelch- und Glockenpracht, gezackt, beperlt, bewimpert, glatt, mit feinem Netzwerk bunter Äderchen, im dicht und weit geregelten Beieinander an schlanken und dicken runden Stengeln hinauf. Buntes, süß verwirrendes Gekrissel von Grasdolden und die tiefglühende, breitentfaltete Pracht des roten Mohns.
Und höher, immer höher!

Auf dem goldenen Kelchknopf eines riesigen, silberleuchtenden Sternes sitz

ich, oben, hoch oben auf dem höchsten Wipfel, und schaukle mit selig dämmernden Sinnen, betäubt von Duft, Licht und dem weiten, unendlichen Einklang holden Getöns. Bunte, breitentfaltete Schwingenpracht gleißt über mir und an mir hin, rastet, bebt, glänzt, leuchtet auf herrlichen Blütenwundern, surrt und tönt in berauschenden, taumelnden Tänzen hinein in die warme, lichte Unendlichkeit. Jauchzende, kreischende, glockenklar süße, brüllende, wiehernde, zwitschernde, millionenstimmige Lust.
Und süße, warme Kraft in den Muskeln meiner Schwingen und bebende,

sehnende Lust in meinem Leib. Und auf, hoch hoch hinauf in Wärme, Lichtflut, Glanz und Farbe. Und von mir geht ein Tönen aus, ein feines, wunderliches Tönen ...

* * *

Jetzt habe ich einen Schilfhalm herausgezogen und bin nun Wißbegier, ganz Wißbegier und erkenne.
Hier ist ein langes, faltendes, blaugrünes Blatt. Und hier unter ihm ein zarteres mit einem helleren Grün. Und Blatt schäl ich von Blatt und Hülle von Hülle. So, und nun weiß ich eine große, stolze Weisheit: Blatt schließt sich um Blatt und Hülle um Hülle in alle Unendlichkeit hinein.
Ach, ich muß lachen, lachen!

Ich sehe einen schnurrigen alten Herrn mit einer mächtigen Brille auf einer

langen, spitzen Nase. Er sieht aus wie ein uralter Chinesengreis. Sein Kopf ist wie ein Totenschädel, über den sich eine vergilbte, unendlich faltige Haut spannt. Er hat einen breiten mokanten Mund mit einer hochmütigen, ewig spöttisch-dummen Unterlippe und wasserblaue, neunmalkluge Äugelchen. Der kann die wunderschönsten Kunststücke aus lauter Normen, Regeln und

Regelchen, Gesetzen und Gesetzchen zusammenbauen. Ein so kluges Wirr-
warr, daß einem die Augen übergehen vor lauter lauter Staunen. Und mit
seinen alten Beinchen versteht er sich auf den Eiertanz wie kein zweiter.
Ach – jetzt! hier! wie ungeheuer, ungeheuer spaßhaft der alte Würdetaper

ist!
O, da unten zwischen feuchter, bröckelnder Krume schlingt sich durch das

schwarze Dunkel ein blöder Wurm; und hier liegt ein zweibeiniges Tier, das
spintisiert und klebt mit seinem Wollen und Entschließen an allerlei Ge-
dankenleim fest. Weit, weit dahinten aber blauen ferne Berge. Und dort, auf
dem höchsten Gipfel, auf der höchsten Wipfelspitze der höchsten Kiefer, da
zwitschert und zirpt eine kleine Meise, und wenn sie will, so fliegt sie weit,
weit in die blaue Himmelsfreiheit hinein ...

* * *

Jetzt will ich. Und will ein Prophet sein, ein Seher.
Die Blumen blühen, die Bäume rauschen, die Wasser plätschern, die Vögel

singen, und der Himmel blaut mir durch die weite, reifende Mittagsstille
Offenbarungen, und das endlose Beieinander und Ineinander aller Wesen
leuchtet mir eine Offenbarung.
Ich stammle Verheißungen, die sich erfüllen: jetzt, morgen, in hundert, in

tausend oder in hunderttausend Jahren, hier, dort, irgendwo; die Wirklich-
keit sind und sich erfüllt haben, jetzt, gestern, vor hundert, vor tausend oder
hunderttausend Jahren, hier, dort, irgendwo ...
Alles, alles ist eine einzige, große, fröhliche Einheit und alles Lebendige eine

einzige große Familie.
Der andre? Die andre? Ist es nicht immer derselbe und ist es nicht immer

dieselbe? Jeder für jeden, alle für alle, alles für alle und alles?
Trug ist Leid und Haß, Trug ist Trennung und Selbstqual, und Lüge ist

die ewige Vernichtung, ein neckisches Spiel zuhöchst, ein bunter Traum der
einen unendlichen Ruhe, die alles ist und in der alles beschlossen ist ...

* * *

Dort drüben, im fernen, weißen Sonnendunst, breitet sich das Dorf.
Hinter breit gewipfelten, dunkelgrünen Linden hervor verschimmert die

Kirchturmhaube mit ihrem hellblauen Schiefer spitz und gleißend in den
gleißenden Himmel. Langgedehnt das rote Kirchdach, und die braunen Dä-
cher lugen mit Giebelputz und Storchnestern aus weißen Blütenwolken.
Eng, gedrückt, so zieht es sich lang durch das weite Marschland hin.

Wärme, Summen und blendende Farben.

Schweigen. Lichtes, schwüles Schweigen.

Und der weite, weiße Dunst wogt und flirrt durch die heißen Höhen bis tief

über Wiesen, Felder und flinkernde Wasser gegen mich her.
Ein Tönen hör ich und ein heimliches, tiefes Summen.

Ferner, ferner Orgelton und Gesang der Gemeinde.

Wechselnd, wellend, auf und ab, hin und wieder, im Bann eines feierlichen,

getragenen Rhythmus.
Eine Sehnsucht hör ich in ihm, eine stille, niedergezwängte Sehnsucht.

Das ist die Sehnsucht nach Gott, nach dir, nach dir …

Und ich bin traurig, traurig …

Eingezwängt bin ich in zehn »Du sollst!«; in hundert, in tausend »Du

sollst!« …
Traurig bin ich, traurig, traurig …

* * *

   Und aus dem weiten, schwülen Brüten kommt ein Brüllen, ein langge-
dehntes, schmerzliches Brüllen.
Eine Kuh drüben bei den Erlen.

Bis an ihren weißen Bauch steht sie in dem hohen, schimmernden Gras. Sie

hat den breiten Hals starr vorgereckt, und wie geängstigt stieren ihre großen,
dunklen Augen.
Ich bin zusammengefahren.

Wie ein Sehnsuchtsschrei, irgendwoher, aus einem niederen, zwängenden,

dumpfen Leid.
Und die weite Schwüle nimmt mich hin, umspinnt mich, umspinnt mich

dicht mit einem trüben, dumpfen Brüten, mit einem tiefen, tiefen Grauen.
Unsinn!

Wie herrlich glüht hier die Nelke. Und die gelbe Königskerze hier: wie aus

Gold, aus lautrem glänzenden Gold.
Wandern! Wandern!

Neulich der Spaziergang. Da waren zwei Enten, schnatterten zwei schnee-

weiße, prächtige Enten unten im Tal im hellen Bergbach. Und ein Spitz mit
fröhlichem Gebell gegen mich her. Und über Stakete unzählige Rosen in
entfalteter Pracht. Und wie schön das Dorf aus den wogenden, reifenden
Getreidebreiten hervor. Schwalben an mir hin, dicht an mir hin, als ich ra-
stete, daß ich das feine Wehen ihres Flügelschlags spürte.
Ich weiß, ich sang und schwatzte vor mich hin, ich weiß nicht was. Aber in

mir war eine himmelweite Seligkeit und ein einziger, stiller Friede ...
Lachen, lachen, lachen kann ich wieder, jauchzen, brüllen vor trotziger Lust

am Leid, und mein heller Lebenswille geht von mir aus mit einem tiefen, befreienden Atem, und durch Laub und Gräser geht ein heimliches, fröhliches, neckendes Flüstern, weht kühl über meine Stirn und weiter über die Breiten hin, und ich atme es ein, tief in mich hinein wie einen süßen, geliebten Atemzug.

* * *

Lust am Leid, wilde, wild unbändige, fruchtbare Lust am Leid, Aufatmen und helles, klares, sonnenhelles Gestalten aus wilder Leidlust ...
Nun bin ich wieder bei Laune.

So! – Jetzt lieg ich auf dem Bauch, die Deichböschung hinauf, lege mein

Skizzenbuch vor mich hin und zeichne, was mir gerade in den Sinn kommt, allerlei Karikaturen.
Und nun beseh ich mir, was ich gezeichnet habe, und blättre und sehe, was

ich vor Tagen zeichnete.
Da ist ein altes, nacktes, schwammiges Weib, unsagbar häßlich, neulich mal

im Anfall einer bösen Laune hingekritzelt. Ich betrachte es mit lustig gekniffenen Augen und summe allerlei Übermut.
Die Sonne liegt grell auf dem Papier und läßt, wenn ich etwas von der Seite

drauf niedersehe, die Konturen in leisen Irisfarben schillern. Ein Käferchen knistert drüber weg, macht halt, biegt seine Fühlerchen, putzt sich den Hinterleib und trippelt weiter. Weiße, gekrümmte Blütenblättchen treibt ein Lufthauch von dem Weißdorn über mir herab. Sie liegen blendend silberhell auf dem Papier wie auf mattem Goldgrund.
Der alte, gute, regenbogenschillernde Fettwanst.

Sachte, sachte, mit viel Sorgfalt bringe ich ihm jetzt zwei zarte Elfenflügel-

chen an den Schulterwampen an. Die Sonnenstrahlen tuschen sie mit Farben meinem Stifte nach.
Auch sie gut! – Alles, alles gut!

Und ich blättre weiter.

Da ist ein Geck. Mit einem winzigen Hütchen, weitem Jackett und Sackho-

sen.
Wie unbändig schön!

Auch er bekommt die beiden Flügelchen.

Und hier ein Betrunkener. Sein Taumeln ist ein Tanz, ein schöner Rhyth-

mus.
Hier ist ein Weib, das ich bei einer Haustür kauern sah. Zerlumpt, vergrämt,

stumpf, schmutzig.
Die Arme!

Ein mächtiges Mitleid überkommt mich.

Aber ich lache und weiß, irgendwie wirkt es in die Ferne und tröstet sie

und macht sie lachen. Ihr Abbild aber hier, das ist nun schön, so schön wie
die strahlendste Schönheit, die je gebildet wurde, die je in Fleisch und Bein
einhergewandelt ist.
Und hier ist eine Dirne gezeichnet, wie sie mit schwankendem, hüftenschau-

kelndem Gang, in Nacht und Wetter, an flackernden Laternen vorbei, sich
an den dunklen Häusern entlang drückt. Sie wird gescholten und mißach-
tet. Aber einmal, als ich bei ihr war oben in ihrer armen Spelunke, als ich
sie in hingegebener, mitleidiger Liebe küssen konnte, da wurde ihr müdes
stumpfes Herz lebendig und blühte mir entgegen wie ein schöner Frühling.
Und in dieser Erinnerung nun ist sie mir so rein und adlig wie die reinste
Jungfrau und blüht in Schönheit und Würde ...
O überall, überall seh ich heimlich eine schöne, verjüngte Friedenswelt. Und

ein Nahen spür ich, ein Nahen ...
Gesang, Fröhlichkeit, unbändiges, unsterbliches Gelächter, Wein und golde-

nes Bechertönen, und Liebe, Liebe, Liebe! ...

* * *

Der Länge nach lieg ich auf dem Rücken und lächele mit halbgeschlosse-
nen Augen in das tiefe, blendende Blau hinein.
Nah und fern hör ich eine Musik.

Durch das Gesumme der Bienen und Hummeln, durch das Wispern der

Gräser und Binsen, durch das heimliche, verlorene Plätschern blinkenden
Gekräusels, aus den tausend Stimmen der Vögel, zwischen den rauschenden
Büschen.
Sie lebt in dem Gebrüll der Kühe, in den zierlichen Schwunglinien glän-

zender Pferdeleiber, wie sie grasen; in dem Muskelspiel ihrer prächtigen
Formen, wie sie dort gemächlich schreiten, oder schnell, mit mutwilligen
Sprüngen hineilen durch das hohe, blumenüberragte Gras. Sie flirrt und
flimmert und wellt in zierlichen Schwingungen durch die blauen Lüfte, wogt
und schwirrt und schwingt wie feine Metallsaiten in dem Spiel der Insekten.
In unendlichen Farben, Formen, Tönen ein einziges Lied, ein einziger, ei-

nender, mächtiger Rhythmus, ein gewaltiger Einklang.
Jauchzt, jubelt, flötet, klagt, braust.

Kommt aus lichtdämmernden, gleißenden Weiten, wird offenbar, süß, schau-

rig, freundlich in den Nähen, verklingt in den Fernen.
Und ich: hingenommen in ihn, sein Widerklang, ganz, ganz sein Widerklang

für eine Minute der Verlorenheit.
Suchen, haben und verlieren, und wieder suchen, halten und verlieren. Immer wieder und wieder und immer von neuem.
Das ist das Leben. Das ist alles Schicksal, und aus diesem einen werden alle Leiden und Lieder.

* * *

Eine Musik hör ich, nah und fern. Einen einzigen millionenstimmigen Akkord: das ist das Lied der Kraft. Das ist die Kraft.
Wer versteht es? Wer kann es widertönen lassen aus einer reinen, unverzagten Seele?
Ich will nichts als liegen und lauschen und immer lauschen, und lauschen und stammeln wie ein Kind, hingegeben in Ehrfurcht, in Lust und Jubel, in Schreck, in Furcht und Grauen und mit kindlichem Vertrauen wiederkehren und immer, immer wiederkehren ...

* * *

Ich sehe in den Kelch einer Winde, in den flachen, süß duftenden Kelch einer Winde hinein. Und wie ich ihn betrachte, blicke ich mit weiten, wild erschauernden Augen in einen Abgrund der Erkenntnis.
Es ist eine einzige, große, unendliche Ruhe und Einheit, die sich durch die unermeßlichen Stufen des Lebendigen sucht und verliert, ewig sucht und ewig verliert und doch sich ewig hat in der Liebe und als Liebe.
Leben! Urbeginn!

Hinauf, hinauf mit sehnendem, allmächtigem Drange in Milliarden von verschlungenen Lebenswellen, die ansteigen und verrinnen, und mit immer neu verjüngter Inbrunst mächtiger und mächtiger dem Licht entgegen, dem Licht ...
Es faltete sich auseinander in die Unendlichkeit der Formen und Farben, in immer mächtiger, sehnender kreisenden Schwingungen, durch die Weltenalter und Zeitmillionen unbegreiflichen und ungeahnten Klarheiten entgegen, im Auf und Nieder, im Hin und Wieder, im Werden und Vergehen ...
Es wurde zu gewaltigen, ungeheuren Körpern und brüllte und jauchzte seine Inbrunst dem Unbekannten zu, suchend, suchend, suchend, und streckte sich, sich selbst zum Untergang und Leid, mit neuen, immer neuen, immer sehnenderen Sinnen dem Unbegreiflichen entgegen. Und es bebte hinein in den dunklen Kreislauf der Kraft mit dem Worte des Menschen, dem armen zitternden, eben erwachenden ...
Das Wort aber, das erwachende, erstarkende Wort zwang das Verstreute zusammen, daß es geeint sich in die Mannigfaltigkeit unzähliger neuer Triebe und Kräfte spalte.
Ich träume und träume, und tief, tief lausche ich in mich hinein. Wie ein

heimliches, staunendes Lauschen ist es in mir, wie ein stille treibendes, keimendes, aufblühendes Werden hellerer Augen, als die sich aus dem blöden
Farbfleck jenes Urtiers entwickelten.
Nur noch eine dünne, dünne Scheide zwischen uns und einer neu erweiterten

Welt neuer Wunder. Entgegen, entgegen der Klarheit hellerer Sinne ...
Frühling! Frühling! Ewiger Frühling! Licht, das sich entflammt, hinein, hin

ein in ewig weichendes Dunkel!
Hier, hier, in mir, dort, irgendwo krümmt es sich in süßer, banger Werde

qual in nun schlechter Hülle neuen Wundern neuer Offenbarungen entgegen.

* * *

Sonne! Sonne! Sonne!
Meine Blicke haften in dem weiten Blau, mit Sehnsucht, mit Sehnsucht ...

Und nun – nun bin ich ein goldlichtes Wesen. Breites Silbergefieder sprießt

aus meinen schimmernden Schultern, und heißes, goldenes Sonnenblut
braust durch meine Adern, und ich rausche empor, empor, empor ...

* * *

Eine Musik fern und nah.
Und nun in mir ein Wort, geboren aus Licht und Getön; es bebt mir im

Ohr wie ein tiefer, voller Glockenton, irgendwoher. Aus einer Nähe, aus einer mystischen Nähe.
Ich kann sie nicht sehen vor lauter Licht. Nur meine Sehnsucht, meine Sehn

sucht ist ihrer teilhaftig.
Ein Wort ...

In mir ist ein Auge, und das sieht durch dieses Wort eine Welt.

Sie schwebt her zu mir mit webenden, gleitenden, leuchtenden Formen, naht

und vollendet sich, mehr und mehr und immer mehr.
Freiland! Freiland!

Lauter Jubel ist in mir; lauter, laut aufjauchzender unbändiger Jubel!

Freiland! Freiland!

Und nun wieder still, still, und ich lächle und sehe.

Durch einen grauen Dämmer muß ich und durch alle Fährlichkeiten der sie

ben Berge, vorüber an Drachen und Gewürm, an Riesen und Hunden mit
feurigen Augen, groß wie Wagenräder, und über gefährliches Zaubergelände
mit Fiebermoor und großen, schwülen Blumen, zwischen denen böse, schöne Fabelwesen hausen und irre Lichter schweben, bis ich zu einem Walde

komme; da wird es still.

Da rauscht und leuchtet buntes Gefieder zwischen dunklen, dichten Wip-

feln, da huschen Sonnenstrahlen in träumerischer, neckender Verlorenheit, da sprießen heimlich wunderbare Blumen, und da wogen kostbare Düfte seltener Kräuter über helle Wiesen zu mir her, und wie im Traum geh ich durch milde, heimliche Märchenlichter.

Da klingen aus blauen, sonnenzitternden Dämmerungen glockenreine Me-

lodien, und zierliches Getier schlüpft durch Gras und Laub und blickt mich an mit zutraulichen, klugen Augen.

Und wie ich so auf stillen Waldpfaden hinwandre durch streichelndes Laub

und schmeichelnde Lüfte, über blumige Wiesen, und mehr und mehr der Lärm der Welt hinter mir erstirbt, da komme ich zu einer hohen, hohen Mauer, die dehnt sich weithin durch die finstren Schauer himmelanrauschender Edeltannen. So weit ich blicken kann, klettert dunkler Efeu hinauf, und Teufelszwirn ballt sich hernieder in graugrünen Dunstwolken, und dazwischen weit, weithin entfacht mit freundlichen Lichtern unzählige Blüten von Dornrosen.

Aber da ich ein Sonntagskind und ein Berufener bin, weicht das Dickicht

willig vor meinen Schritten, und eine Pforte tut sich auf, und sicher und mühelos schreite ich durch das dicke, trotzige Mauerwerk.

Dann bin ich in einer andren Welt.

Heller scheint hier die Sonne, und heimlicher sind die Schatten, klarer die

stillen Wasser und fröhlicher das Geriesel lebendiger Bäche, grüner die Wiesen und Hügel. Mächtiger gipfeln sich hier die Wälder in die Wolken; mit heißeren Farben und Düften glühen die Blumen, üppiger und immer üppiger spreizen Pflanzen und Kräuter seltsame Blätter, und in tieferen Farben brennen bei Auf- und Niedergang die Himmelsbreiten. Große, schöne Menschen haben sich hier zusammengefunden, geschwisterlich, ein König jeder in Freiheit und in der Seligkeit weltfernen Glückes.

Kräftiger ist das Mark in ihren Knochen, und freier strahlt ihr Blick der Welt

entgegen, und wie der Blitz folgt dem Gedanken die Tat. Geeint leben sie in Freiheit; nicht mit der zagen, feigen, schielenden Neigung der anderen, die sich ärmlich und ängstlich und sich selbst mißtrauend zwischen Gesetzen und Normen hinfristet.

In ewigen Sommertagen leben sie hin, in Festen, himmelanjauchzenden,

herrlichen Gleichnissen, wie das Leben treibt und glüht, wie die Lebenssäfte mächtig durch die Adern der Welt brausen und der blöde Staub sich mit der tausendfältigen Pracht berückender Gebilde in die blaugebreiteten Unendlichkeiten faltet ...

Weite, lichte Nacht. Warme, blühende, duftende Sommernacht mit der end-

los gebreiteten Pracht der Gestirne.

Tausend Lieder irren unter dem hellen Mond aus Blütenwolken und Laub-

dämmerungen und ...
Still! Still!

Eine Musik hör ich, nah und fern, in allen Nähen und Weiten, einen ein-

zigen millionenstimmigen Akkord. Das ist das Lied der Kraft. Das ist die
Kraft. Das bist du, das bin ich, das ist alles, alles, und die Kraft, die ein-
zige, einige, eine. Und aus ihrem Wandel und Wechsel tönt es mit neuer,
ungestümer Lebenslust, das alte, wildfreudige Zornwort: *Ça ira! Ça ira!* ...

* * *

Und andere Weisen hör ich nun. Alte, uralte Lieder. Und doch neu, im-
mer wieder neu und ewig neu.
Und alle das eine: Du, und das Lied von dir.

Und so ist sein Text:

Die Sonne und alle Gestirne: dein Blick. Strahlend, leuchtend, sehnend, hel-

lachend, freundlich, klar, mild, schelmisch verhüllt. Und die Blumen: der
Duft deines Körpers. Die ganze, weite Erde: das ist dein Leib. Und das gol-
dige Lebenslicht über den Breiten ist die Wärme deines Leibes, und die mil-
de Luft, weiches Moos und Gras sind seine schmeichelnde, süße Weichheit.
Graswogen und alle die vielen, vielen, unendlichen Bewegungen: so gehst
du, und so ist das Wogen und Wiegen deiner Glieder. Und wie es singt und
flötet und zwitschert und jauchzt: das ist deine Stimme.
Überall, überall bist du und nur du, und nichts ist ohne dich und nichts

außer dir. Alles ist dein Bild und dein Gleichnis.
Du bist das liebe Mädel, das mich neulich erfreute. Du bist heute blond,

morgen schwarz, übermorgen braun, bist Mann und Weib, Kind und Tier,
alles, alles ...
Wie könnt ich deiner jemals überdrüssig werden? Immer und immer wech-

selst du und erfreust mit tausend wechselnden Gestalten mein liebes, verän-
derliches Herz.
Und du, du bist in Lust und Pein das drängende, treibende, nimmerrastende

Leben hier hinter dieser dünnen Grenze meines Körpers, die nur ein necken-
der, spielender Schein ist zwischen mir und dir.
Das sind die Lieder, die alten, uralten, immer neuen Lieder, das eine, einzige,

das Lied von dir ...

* * *

Mein Kopf liegt an deiner Brust.
Und du, goldig, licht, jung, beugst dich über mich.

Mit deiner linden Hand träufelst du mir Heliotrop auf die Stirn. Ich atme

den süßen Duft und deinen Atem, der süßer ist als er.
Mein Gesicht fühlt deinen Herzschlag, deinen ruhigen, ruhigen Herzschlag.

Und Auge in Auge, tiefer immer, versinkender.

Leise, leise hernieder zu mir, und leise, leise ich hinauf zu dir. Du lächelst,

biegst den Kopf hintüber, und deine Hände drücken sich schwach gegen meine Brust mit schelmischem Drängen.
Und nun: Lippe an Lippe. Lange ... Zwischen halbgeschlossenen Lidern

dunkelt dein Blick. Und nichts ist als sein Glanz und eine süße Wärme von dir zu mir.
Frieden. Und aus ihm Kraft, Gedanken, Entschlüsse, lichter, immer lichter,

kühner und kühner, und Erkenntnisse ...
Ein Jubel ist in mir, ein ungeduldiger Jubel, der hinauf will, hinauf, bis in

den siebenten Himmel hinauf! ...

* * *

Was ich hier träume und denke und dichte, das ist nicht mein Verdienst und nicht meine Schuld. Das ist das goldige flammende Rund da oben, das sind die Blumen, die mich umblühen, die Vögel, die mich singend umschweben, Halme und Laub, die mich umrauschen, die Menschen nah und fern, du.
Alles, alles ist dein Verdienst, und wie ich mit dir eins bin, so ist es erst auch

meins.
Sind wir denn getrennt: du und ich?

Nicht hier, nicht jetzt. Jetzt, hier sind wir geeint in einem einzigen, weiten,

stillen Frieden. Hier sind wir Blume und Baum und Gras, heller Himmel und goldiges Kornwogen, Farben und Vogellied, hier blühst und singst und leuchtest du in mir und ich in dir. Hier bin ich frei ...

* * *

Wir beide, wir kennen Augenblicke, Stunden: wunderliche Augenblicke! Wunderliche Stunden!
Was peinigen wir uns mit harten, höhnenden Worten? Was quälst du mich?

Was quäl ich dich?
Lirum larum! Ich weiß jetzt eine große, tröstende Weisheit!

Lust ist Qual, und Qual ist Lust, und es gibt und kann in alle Ewigkeit

hinein nur eins geben: Liebe, Liebe, Liebe, dreimalheilige Liebe, wechselnd in zwei Gegensätzen und doch einzig, einig und allein Liebe, Liebe, Liebe ...

* * *

Wie sich deine Brauen über deinen Augen wölben, ihr Schnitt, ihre Schwingung, der feine, weiße Bogen unter dem dunklen Apfel, dieser Glanz in diesem Rund und diese schimmernden Lichter in das Weiß hinein, diese Nasenflügel und ihr feines Beben, die sanften, runden Linien dieses Gesichtes mit dem milden Spiel von Rot und Weiß, das Gleiten und Biegen dieser

Körperformen: das alles, alles spricht von einem bestimmten Schicksal, und
dieses Schicksal ist eine lebendige Seele und hat dieses Fleisch, diese Glie-
der und ihr Verhältnis zueinander geschaffen. Dieses Schicksal aber, diese
Seele lieb ich, lieb ich in Mitleid, in Staunen, in versinkender, anbetender,
hingegebener Bewunderung ...

* * *

Ich simuliere, wie ich dir den Hof mache.
Eine putzige Welt hat der liebe Gott um uns hergerichtet mit artigem Getier

und Menschenvolk, zu unsrer Verlustierung sonderbarlichen Treibens beflis-
sen.
Sie fischen und gärtnern, graben, pflügen und bauen Beete und Felder, feil-

schen und beklatschen sich, bekalkulieren Witterung und Ernte, essen, trin-
ken und schlafen, rechnen sich über heute und morgen hin, schustern und
schneidern, zimmern und schmieden, zeugen sich fort und sterben, sind ge-
sund und krank, hassen und lieben sich, und alles ist eine artige, lustige
Komödie.
Und Wälder, Felder und Fluren, weitgedehntes Land mit lautem und stillem,

mit tausendbuntem Getier: kriechend, hüpfend, springend, laufend, flatternd
und schwirrend, mit Blumen und Gräsern, mit tausend bunten Farben und
Bewegungen, mit Leuchten, Glitzern und Flinkern ist um uns hergerichtet,
uns, uns zur Lust: von dieser Welt bau ich dir träumerische, ausgelassene,
viele, viele bunte Lieder in freien Weisen, wie sie mir so durch den Kopf
schießen.
Alles, alles, ganz sollst du mich haben; denn das alles war und ist mein liebes,

gepeinigtes, lauschendes und schaffendes Herz mit Lust und Leid, Elend
und Glück, Haß und Liebe: ein Spiel nun alles, ein närrisches, lustiges Spiel,
denn du, du bist in der Welt und in mir beschlossen und eine einzige Wonne,
ein einziges, unermeßliches Glück. Und mit diesem ist für alles gesorgt, jetzt
und immer und ewig ...

* * *

Heute morgen schlenderten wir beide durch die Felder, schaukelten un-
sere zusammengefügten Hände, sahen uns in die Augen, lachten und waren
still, ganz still.
Da haben wir den Frühling gesehn.

Mitten auf dem staubigen Feldweg patschelte er uns entgegen in einem hell-

rosa Wölkchen.
Er war ein Mosjöh Dreikäsehoch, hatte einen ratzekahl geschorenen, schloh-

weiß schimmernden Flachskopf und zwischen zwei rotbraunen Posaunen-
backen eine höchst naive Stuppsnase, aus der ein Paar perlenklare Talglicht-
lein sacht auf ein offen Schnäuzchen herniederrannen. Ohne viel Gêne trug
er ein blauverschlissen Kittelchen auf seinem nudeldicken Wurstleibchen,
vorn hoch, hinten tief, aus dem ein höchst schnuddliges Bein- und Arm-
werk hervorpendelte.
Seine Hoheit sahen uns mit ein paar großen, tiefblauen Vergißmeinnichtau-

gen durch und durch und brömselten so viel Unsinn vor sich hin, daß uns
ganz wirblicht wurde.
Er ließ sich von dir die Nase putzen, geruhte von mir einen Nickel anzu-

nehmen, und gesegneten Herzens schlenderten wir weiter, weit, weit in die
sonnige Klarheit hinein, aus der er gekommen war ...

* * *

Anders aber sah ich ihn ein andermal.
Das war vor mancher Woche.

Einsam saß ich in meinem einsamen Zimmer mitten in der großen, großen

Stadt.
Die Sterne flammen auf im tiefen Blau, hoch oben über den Dächern, zwi-

schen den milchweißen jagenden Windwolken, den Frühlingswolken, und
die roten Abendlichter verglühen still an den langen, langen, dunkelnden
Mauern.
Draußen aus der Stille lösen sich Stimmen, und der Wind fängt an mit fri-

schen Stößen das Fenster zu streifen und singt im Rauchfang sein altes Lied.
Es wächst und wächst, und immer voller, immer stärker das frische, fröhliche

Brausen.
Wunderlich geht es vom Fenster zur Tür durch das Zimmer mit einem

feuchtwarmen Zug.
Und ich schnaufe den Frühling ein, seinen gesunden Odem. Und ich wittre

einen Duft wie von Rosenblättern, getragen von den unsichtbaren Fluten.
Frisches, taufeuchtes Wiesengras spür ich und den Geruch frischgepflügter
brauner Felder, die im sonnigen, lerchenschmetternden Frühnebel dampfen.
Und ich höre die freudige Sprache der werdenden Welt, der erwachenden,
jungen Kreaturen.
Meine Sinne fahren auf und hin, getragen von dem Brausen, eins, ebbend

und flutend mit seinem herrlichen Rhythmus: jetzt aufhorchend, jetzt still
in traumhafter Versonnenheit und in neuer, immer neuer Gewißheit auf, in
die Höhe; und es packt und durchschüttelt mich in freudetollen Phantasien
von der Zukunft.
Und nun bin ich draußen in der äußersten Vorstadt.

Weit dehnt sich das Land hinaus im nächtigen, witternden Zwielicht. Hier

ein Netz von baumbepflanzten Wegen, im flachen Land sich verlierend. Bald
werden sie Straßen sein, wie die da drin, und die Häuser da und dort, verein-
zelt und in Gruppen über das Freie hin verstreut, werden zusammenwachsen
zu Stadtvierteln bis hinaus zu den fernen Vororten.
Weite Landstraßen ziehen sich hinaus, und von allen Seiten, durcheinander,

aneinanderhin, schnaubende, donnernde, rollende Züge, herein und hinaus
in das nächtige Land wie riesige feurige Raupen.

Und nun zackt es sich weit hinter mir mit Dachzinnen und Türmen und

ragenden Schornsteinen und verrinnt breit, endlos in trüben roten Dunst,
und starrt müde mit seinen tausend und abertausend Fenstern in das freie
Land hinein.
Und der Sturm wächst und braust und knattert und pfeift mit den hundert

lustigen Stimmen seines wilden Akkordes heran über die brachen schwarzen
Schollen, durch Gestrüpp und Geäst, und hinein in die langen, lichtflackern-
den Straßenzeilen, und all das Lebensblut da drin wallt auf in frischen Glu-
ten, und lebendiger regen sich Millionen Kräfte gegen und durcheinander.
Aus weitem fernen Süden strömen die durchglühten Lüfte her, seitwärts ge-

bogen vom kreisenden Umlauf der Erde, und in ihrem jubelnden Getöse ist
es lebendig von Millionen Stimmen und Wundern.
Über der unendlichen Öde der Wüste haben sie geglüht, von reineren Son-

nen und Monden durchbebt, über ragenden Palmen und fernen, fremden
Gebreiten, über mächtigen Meeren und Strömen und Seen, über der wilden
grünen Nacht der Urwälder, durchhallt vom Gekreisch und Gebrüll fremd-
artiger Tiere, und durchglüht von ungeahnter, leuchtender Pracht, und ein
üppig wucherndes Leben haben sie gezeugt.
Und nun tragen sie's herüber mit ihren wildfreudigen Strömen und wirbeln

es zu uns her über weite, bäumende Meere, über herrliche Breiten wärme-
rer Sonnen, über ewig eisige Höhen, ihrer winterlichen Starrheit trotzend,
und wirbeln es her mit den fröhlichen Scharen der Vögel und lebendigen
Keimen.
Und der Tumult der ewig lebendigen Kräfte wogt herab aus den Höhen in

unbegreiflichen Schwingungen und bebt in uns hinein.
Sie zittern hinein in schwarze, ruhende Tiefen, und es beginnt ein Hin und

Wieder und Ineinander, und bebt und treibt dunkel unter süßem Zwange,
und aus Beben und Treiben und unerforschlichen Mischungen der Elemen-
te werden Keime, und die schwarze, träumende Ruhe ringt sich dem Licht
entgegen, dem Licht ...
So spürt ich damals den Frühling.

Sturmlieder brauste er hinein in die langen, flackernden, öden Vorstadt-

straßen, wilde, rüttelnde Sturmlieder, und wenn ich recht hörte, hatten sie
einen sehr polizeiwidrigen Text ...

* * *

Bah! – Hier lieg ich und strecke mich, ein Tunichtgut und Simulant
schlimmster Sorte.
Sämtlicher Laster und Tugenden bin ich teilhaftig. Ich habe mit Christus,

dem Herrn, die Leidensnacht in Gethsemane durchlitten, und mit Buddha
das innerste Wesen der Welt erkannt. Ich bin geschlechtlos, bin Mann und
Weib. Schuldlos bin ich und naiv wie das reinste Kind und erfahren wie der
blasierteste Roué! Ich bin Kaiser und Held und der niedrigste Sklave. Der

gewandteste, gefährlichste und der blödeste, einfältigste Liebhaber, bin und
habe, was ich will.
Jetzt aber bin ich eine große, schöne Blume. Bin Fühlen, ganz, ganz däm-

merndes Fühlen. Ich wurzele in einer süßen, feuchten Kühle, und dehne
mich sacht in ein laues, fächelndes Schweigen hinein, spreize mich, ringend
und nachgebend, mit hundert Formen in sanften, neckischen Widerstand
hinein, etwas Heißem, Lichtem sehnend entgegen. Zu oberst leuchte ich
vor Jubel, und meine Lust wird eine köstliche Süße. Es schwirrt zu mir her
mit bunten, durchsichtigen Flügeln, und ich erschaure in den Wonnen einer
leisen, leisen, sanften Berührung ...
Traum bin ich, Traum, ganz Traum und süßes, süßes Verdämmern, Schlum-

mern, Entschlafen ...

* * *

Staunendes, erschrecktes Erwachen.
Lange Schatten und müde Lichter. Treiben und wellen mit verglühendem

Gekräusel über die Wasser herüber und verblinken in stumpfes Blaugrau.
Goldig versinkende Glut über breitgedehntem, schwarzem Baumgekrissel.

Hoch, hoch drüber aus zartem, zartem Grün ein Sternchen.

Noch eins; noch eins. Viele.

Breite Schatten wogen vom Osten her über die Welt mit den Geheimnissen

heimlicher Laute und Gestalten.
Drüben sinken die müden Gluten, sinken und sinken ...

Kühle Schauer vom Wasser her durch leises Geflüster, singendes Plätschern

und Murmeln.
Langsam, langsam schiebt sich die Silhouette eines Kahns durch silberspie-

gelnde Glätte, langsam, langsam den Nebelfernen zu.
Tiefe, tiefe Einsamkeit, Friede, Grauen: meiner Seele zu süß, viel zu süß ...

Rote, warme Lichtlein glimmen fern in niedriger Enge zwischen breit ge-

ballten, schwarzen Wipfeln.
Und unter weitentfachter, goldiger Pracht wandre ich mit eiligen Füßen

durch weiße Nebel den Lichterchen zu, den armen, glimmenden, heimli-
chen Lichterchen.
Zu dir, *ma Dame*! Zu dir! ...

Zwielicht

An den himmelhohen Mauern nieder, durch das Fenster, zwischen den Gardinen das erste Morgenlicht.
Leise – grau – tot.

Nur hoch oben das arme bißchen Himmel und die drei Sterne.

Und ich liege und brüte und würge an meinem blöden Leid.

Dich will ich! Dich! …

Und mein Wille und meine große Pein schreit in mir: Dich will ich! Dich!

Dich!
Nichts ist in der müden Welt als das Grauen und der Zweifel.

Und du und ich. Du und ich und unsre Sehnsucht.

Und unsre Sehnsucht will neuen Anfang. Unsre Sehnsucht, die nie sterben

kann! Nie! –
Wo bist du?! Wie halt ich dich?!

Ich schreie nach dir durch eine einsame, einsame Nacht!

Meine Sehnsucht wird Angst, und meine Angst wird Grimm.

Gib dich mir!!

Du *mußt* dich mir geben!! *Mußt*!!

* * *

Wo bist du?!
Überall, überall bist du, und überall flirrt meine Sehnsucht an dir hin.

Mit hundert dummen Masken hast du mich den Tag über geäfft.

Warum?

Du warst die Kinder, die am Brunnen Ringelreihen spielten. Und wie sie

sangen und jauchzten, ganz junger, seliger, helläugiger Wahn, da, einen Augenblick, hielt ich dich!
Aber hinter hundert törichten Masken verlor ich dich wieder.

Alt, runzlig, gebückt, niedergezwängt von stummen Qualen wanktest du an

mir vorüber, verkrüppelt, häßlich, schmutzig. Du sahst mich an mit schielendem, ausweichendem Blick, mit feigem Haß. Stumpf, im Fron von tausend täglichen Hantierungen, in tausend Gestalten sah ich dich keuchen und gegen deine Sehnsucht ringen. Du schaltest, logst, stahlst, beschimpftest. Du

verleumdetest, betrogst, weintest, lachtest, sangst und warst guter Dinge:
und immer wolltest du dich um deine Sehnsucht betrügen. Deine Stimme
war grell und roh, deine Gebärden rauh und widerwärtig, rauh deine Sprache.
Und wieder sanft und mild und weich, und schwoll in köstlicher Fülle von
deiner sehnenden Angst.
Hinter tausend dummen, törichten Masken wolltest du dich vor mir verber-

gen.
Warum?

Meinen Augen bleibst du nicht verborgen.

Tief und scharf sehen sie in dich hinein und sehen deine suchende hastende

Angst und deinen Willen, der doch weiß, der ja doch weiß ...
Ach, warum sind wir so feig, du und ich?

Warum bin ich so feig?

* * *

Nächtig ist es überall und überall nur tausend irrende, grausige Fragen.
Ach, ich kenne unsre Erlösung!

Denn ich sehe ein Licht, ein fernes Licht, und höre einen Ton, von fern

einen feinen, süßen Ton.
Irgendwo seh ich ein Licht, irgendwo hör ich einen Ton, und irgendwo grollt

ein Wille.
O, ich kenne unsre Erlösung!

Hier glimmt das Licht! In mir! In dir!

Wenn wir wollen, hellt es alle Nächte und gebiert Millionen freudiger Farben

und Formen.
Hier lebt der Ton! In mir! In dir!

Wenn wir wollen, so jauchzt er ungeahnte, nie gehörte Melodien.

Hier grollt der Wille! In mir! In dir!

Und er ist die morgenfrische Kraft neuer, junger, knospender Sinne.

In uns drängt das unermeßliche Glück einer Offenbarung.

Wann soll es hervorbrechen?

Wann lacht es unsre Feigheit zu Tode?

* * *

Weichst du mir aus? Weichst – du – mir – aus?!!
Wohin?

Komm! Komm mit!

Weit, weit durch die Nacht! Hinauf zu den Höhen!

Den Höhen! –

Ach, Hohn! Hohn! ...

Oben, hoch oben im weiten Zwielicht.

Hoch oben über den brausenden Wäldern, in der einsamen, schaurigen Frü-

he.
Hoch über den weißen, toten Nebeln, zwischen dem schwarzen, donnernden

Grauen der Tiefen und den kalten, blassen Weiten.
Durch die frühlichtwitternde Öde geht ein Sausen, eintönig ein weites, wei-

tes Sausen dumpf über Höhen und durch Schlünde.
Mein Gehör spannt sich ihm nach in alle Fernen hinein, und meine Augen

starren in weiter Angst und doch mit mutiger, wollender, zorniger Lust.
Mitten hinein in diesen furchtbaren Einklang.

Das ist die »Harmonie der Sphären«.

Die Harmonie! ...

Komm!

* * *

Dort oben die Himmel mit dem Wirrsal ihrer Weltenringe.
Ich fühle das eisige, tiefschwarze Grausen der endlosen Räume.

Ich sehe all die gelben Welten und höre den gräßlichen Tumult ihres Um-

laufs. Jahre, Jahrzehnte, Jahrtausende und Jahrmillionen, in die Unendlich-
keiten hinein, das gleiche und ewiggleiche kalte, blöde Sausen ihrer Bahnen.
Feuer, Wasser und Elemente, werdender Weltenstoff in den unerhörten Em-

pörungen seiner zahllosen Bildungen. Wogen als weltenweite Nebel, dichten
sich und lösen sich wieder und härten sich zu Welten, zeugen, gebären und
verschlingen sich wieder, rasen ewig zwischen Werden und Untergang.
Wozu?

Dieses Glitzerpünktchen zu erzeugen, das das erste Licht hier auf dem grau-

en Gestein weckt? Oder wozu? ...
Und hier, hier unten: immer der gleiche, tote Wechsel von Tag und Nacht,

mit demselben Tumult tauber Farben, Formen und Töne? Und ...
Ach, alte Leier!

Soll ich dich wieder und wieder und noch einmal herunterleiern?

Dummes Rätsel! Dumme Zweifel!

Wissen wir nicht unser Glück?

Wissen wir nicht?

* * *

O, ich denke, ich sitze da oben unter meinem Buchenstamm, und du bist
bei mir. Und du bist in mir eine gelassene Ruhe.
Und du, meine Ruhe, mein Frieden, du: leise, leise machst du die taube Welt

lebendig, und mit innerlichstem Jubel seh ich, wie das Licht wird.
Hell, hell wird es in mir von dem lieben Getön eines erwachten Vogelliedes.

Durch die grünen Gründe flötet es herauf und jubelt in der Gewißheit des

nahenden Tages.
Ich schlafe, schlafe nun mit weitoffenen Augen, und schlafend seh ich mit

weitoffenen, lachenden Augen die große Einheit, die alles ist, die wir sind,
du und ich ...
Hinauf seh ich in die Höhe, hinein in die Breite, hinab in die Tiefe und

sehe in mich hinein, wo das dreifach gedehnte einig ist, jetzt einig in einer
friedevollen Einheit.
Und aus Schatten und Lichtahnungen werden Gedanken in mir und Lieder,

laute, fröhliche, ausgelassene, stille, friedevolle Schlummerlieder.
Die sind nun meine Arme, meine weiten, riesenstarken Arme.

Mit denen will ich dich jetzt umfassen, und will dich an mein nun über-

mütiges, sonnenhelles Herz pressen. Mit denen heb ich dich hinaus über
den tausendgestaltigen Zwiespalt unsrer Unrast, trotzig hinaus, hoch, hoch
hinauf in einen goldigen, stillen Frieden, dich ...

* * *

Hier sitzen wir, du und ich, in Liebe eins, und spielen, und geben dem
Getümmel der Welten einen Sinn, der uns genehm ist und der untrüglichste,
fröhlichste, ausgelassenste Wahrheit ist.
Aller Welten und allen Lebens Sinn ist er, dieser kleine dumme Sinn, den

unsre spielende Liebeskraft ihm gibt, und mutig drängt er sich gegen das
große, schaurige Rätsel, und so muß es uns Frieden lassen, dir und mir ...
So aber lacht unser Übermut und fabuliert:

Mit sehnenden und immer sehnenderen Bahnen kreisen die Welten, jede

um einen Ursprung uranfänglicher Seligkeit, und alle um einen, im ewigen Spiel ewigen Suchens, Findens und Verlierens.
Der blasse Mond, das stille, verlöschende Lichtwölkchen dort über den west-

lichen Wäldern, kreist um die mütterliche Erde in der Sehnsucht seiner Elemente nach aufflammender Vereinigung, und sie ist ihm unverweigerlich verbürgt nach unverbrüchlichen, mystischen Gesetzen.
Und die Erde um das liebe, gleißende Rund dort oben in der Sehnsucht

ihrer Elemente nach aufflammender Vereinigung, und sie ist ihr verbürgt, unweigerlich, nach den gleichen mystischen Gesetzen.
Der sehnende Zwang der Elemente aber dichtet sich in unergründlichen

Mischungen, gestaltet sich und wird lebendig und seines seligunseligen Geschickes sich bewußt in den unzähligen Generationen ungezählter Lebewesen.
In Milliarden von Kristallen formt sich ihre Sehnsucht und Seligkeit, in

Kampf und Widerspiel, verfeinert sich aus dem Nichtorganischen zur ersten dumpfen Lebensregung des Urschleims, wird Pflanze und Tier, wie die Zeitalter sich vollenden und das selige Ziel sich nähert.
Und das Tier wurde im Kreislauf der Entfaltungen erlöst zur Klarheit über

sich selbst hinaus im Menschen. Und wie die Jahrtausende sich runden, werden die Elemente im Menschen durch unzählige Zeugungen hindurch zu herrlichen Erlösern, mischten und dichteten sie sich zu Konfuzius und Zarathustra, zu Buddha und Christus, und alle, alle verkünden den einen Trost vom lachenden Ende, das unsterblicher Anfang ist.
Und enger und sehnender treiben und ziehen sich die Weltenbahnen gegen

ihren Ursprung hin.
Neue Unruhe neuen Werdens und Erkennens.

Feiner mischen sich die Elemente, und der letzten, hastenden Unrast des

Erstarrenden entblühen neue, wissendere Geschlechter.
Sinn und Trost letzter, wilden Leiden, gieriger Genußwut, dumpfer, gellen-

der Verzweiflung tod- und friedereifer Geschlechter und Erkenntnisse ist ein neuer Held und Heiland.
Und der wird schön sein und fein wie ein hellenischer Gott, mit weiten Son-

nenaugen. Sein mächtiges Gehirn wird alle Weisheit Buddhas umspannen. Klug ist er und beweglich, ohne Falsch, gut, mild, edel, sich selbst eine Lust, ganz freudige, selbstsichre Kraft. Alle Weisheit wird in ihm zur heitren, spielenden Torheit eines Kindes geworden sein. Und er wird der Kaiser sein, der Kaiser einer goldigen, verjüngten Zeit ...
Verstehst du mich? Dies große Lied und diese große Geschichte?

Unser kleines Lied und unsre kleine Geschichte ist das. Die lachende, lustige

Geschichte von zwei Leuten, die sich lieb haben, von dir und mir. Und wir

singen sie uns jetzt zu unsrem Spaß so, und wenn wir wollen, werden wir
sie morgen mit einem andern Text singen ...

* * *

Ich denke, ich liege nun an deiner Brust und schlummre und bin einen
süßen Tod gestorben.
Mein Blut ist nun das morgenfreudige Tosen deiner Wälder. Weitgedehnte,

hohe, blaue Berge in hundertfacher, freundlich wellender Bildung, tiefe, breite, grüne Täler, blitzende Flüsse und trommelnde, donnernde Wildwasser:
das alles bin ich in dir.
Meine Gedanken sind sanfte, blinkende Tautropfen, kleine liebe, rote Blu

men und unermeßliche Himmelsfernen, die entflammen in goldblauem
Glanz, dunkle Wettertannen und zirpende, flötende Vogellieder, jähes Gestein mit gleißenden Rissen, umgoldet von den erwachten Lichtern der Frühe.
Mich, mich selbst seh ich mit trunkenen Augen. Klar bin ich meiner selbst

mir bewußt, und mystisch verhüllt ahn ich mich mit erschauernder Sehnsucht in meiner Unendlichkeit, in dir, als du ...

* * *

Höher und höher hebt sich die Sonne über die blauen Wälder und wärmt
und lacht und wärmt und zeugt.
Denn jetzt ist die urbestimmte Mischung der Elemente da, die, gewärmt und

befruchtet von dieser Sonnensphäre, den übermenschlichen Heiland zeugen
und gebären.
Tiefes, tiefstes Geheimnis!

Und doch, wie meine Hand hier auf der grauen Stammborke liegt, spür ich

es mit verstehenden, wissenden Schauern.
Und ich fühle, fühle, wie es unzählige Rinnen und Röhrchen und Poren

öffnet, in Sehnsucht, in Sehnsucht der lieben Wärme entgegen, wie es gibt
und aufnimmt in wonnigen Spannungen und Entladungen.

* * *

Und in mir hab ich jetzt den Trost einer unerhörten Selbstschätzung.
Meine Poren saugen die himmlische Glut ein, und wie sie durch mein Blut

schauert, weiht sie jetzt mich, mich zu dem Helden, der da ist und kommen
soll.
Siegfried bin ich und schlage einen mächtigen alten Lindwurm tot.

Vor mir, in mir krümmt und schlingt und windet er sich mit tausend klam

mernden Schwänzen und klaffenden Rachen, gebannt, gebannt von meinen
lachenden Blicken.
Und wie er sich auch feige windet mit unzähligen schlauen Listen, mir bei

zukommen: mir bleiben sie nicht verborgen.
Da oben das liebe Licht durchbebt mich mit einem innerlichsten, frohen

Gelächter: und dieses Gelächter ist mein Schwert. Mit dem schlag ich ihn
tot, den alten müden, verzweifelten Lügner.
Schon blinzeln seine hundert Äugelchen, und immer müder werden seine

Kreise, und seine böse Kraft dämmert hinüber in den seligen Frieden der
Einheit, der auch ihm bestimmt ist.
Mit tausend Klammern umpreßt er das arme, junge Leben, und die nennen

sich ehrbar Gesetze, Institutionen, heilige Vermächtnisse, Staat, Kirche, Sit-
te, Ehre, Moral, Gott.
Schlau trennt er die Natur, die ewig ungeteilte, in Geist und Fleisch. Sünde

nennt er die Liebe und Teufel das Weib.
Tausend schnörklige Phrasen pfaucht und dunstet er mir ins Gesicht, bläst

mir tausend verzwickte Neunmalklugheiten ins Ohr und hackt nach mir mit
seiner gefährlichsten Tatze, die Gewissen heißt und Pietät.
Aber ich lache und lache nur, und vor meinem Lachen vergeht er in einen

dummen, blöden Dunst, vor meinem unwissenden Lachen.

* * *

Und ich sehe in ein fernes Tal.
Da lacht im weiten Sonnenglanz ein schönes Wunderland.

Noch verhüllt, leise verhüllt.

Das ist das verlorene, wiedergewonnene Paradies.

Da gehen Hand in Hand Adam und Eva im gütigen Sonnenlicht an breiten

klaren Wassern über smaragdene Wiesen.
Da gehen Hand in Hand wir beide, du und ich, im gütigen Sonnenlicht an

breiten klaren Wassern über smaragdene Wiesen.

* * *

An den stillen Wassern gehen wir hin durch den Garten. Und wir sehen alles
Getier, das in den Lüften lebt und im Wasser und auf der grünen Erde, und
nennen es mit neuen Namen. Und wir sehen die Menschen, und über sie er-
löst nennen wir sie mit neuen Namen und haben an ihnen unser staunendes
Ergötzen. Wir sehen Bäume, Sträucher, Kräuter und Blumen und nennen
sie mit neuen Namen. Und Lüfte, Winde, Wasser, Sonne, Mond und Sterne
nennen wir mit neuen Namen. Denn alles, alles ist nun anders geworden und
neu, und du und ich, wir sind zwei dumme Kinder, die spielen und staunen,
und gaffen und lernen ...

* * *

Du?!
Hörst du mich durch alle deine Masken, deine törichten Masken?

Das ist das Lied unserer Sehnsucht und unserer Ahnung.

Trüb noch, trübe und zag.

Aber ich weiß und will noch ein andres. Das ist das letzte und höchste. Das

kümmert sich nicht um Himmel und Rätsel. Das ist das Lied von den Nä-
hen, das Lied von den enthüllten Nähen.
Wann wird seine Zeit gekommen sein?

Wann werden wir wollen?

Leise, leise kommt der Tag und mit ihm die Feigheit und die Angst und –

der Zorn! –

Das Lied

Unter den Sternen hin, hinter den dunklen Bäumen, ziehen Leute und sin-
gen ein Lied.
Ich lausche – mitleidig – schadenfroh – versonnen.

Denn in diesem Lied, in diesem schlichten Lied, ist ein Gift und eine heim-

lich fressende Flamme und die Schönheit einer fernen, fernen Heimat...
Das wissen sie nicht in ihrer dunklen Fröhlichkeit; aber ich weiß es ...

Denn tief in mir zehrt dieses Gift und frißt diese Flamme und will hervor

und leuchten. Und tief in mir ist ein Kreisen und Werden. – Wessen?
Ach Not, Not halbbewußter Fülle, endlos süße Not!

Ich lausche und sitze und warte, ahne; und meine Augen weiten sich einem

köstlichen Gesicht entgegen, das naht und naht, von fern, ganz von fern...
Denn noch gleitet um mich und in mir und wechselt, unbändig und unge-

bändigt, ein ewiger, trüber Wechsel des Einzigen.
Not, ewige Not! – Kommt das Ende? – Und welches?? ...

* * *

An den Sternen hin ziehen die weißen Wolken, und die Winde rauschen;
raunen mit lieben, heimlichen Stimmen und kräuseln glitzerndes Laubwerk,
schaukeln schwankes Geäst, gleiten mit blinkenden Schauern über die brei-
ten Wasser. Und das Licht durch Nebel und zarten Dunst, durch millio-
nenfältigen Widerstand plumpen Stoffes, nieder durch klare Höhen. – Das
Licht – das Lied ...
Reimverbunden vier arme Verse und eine simple Weise; ungefüge Stimmen

in rauher, unbewußter Andacht.
Aber es ist nichts in allen Nähen und Weiten, nichts, nichts als dieses Lied

und eine heimatliche Welt, die nun offenbar wird, und alle die zahllosen
Seelen und eine einzige, unendliche Seele.
Nun sind die Höhen und Tiefen und Breiten ein Spiel, und Minuten, Stun-

den, Tage, Jahre und Jahrtausende ein schelmischer Trug.
Und nur die offenbaren Seelen und im zeitlosen Selbstfrieden die eine, of-

fenbare Seele.
Ich sehe das bunte Spiel der vielen, das die ewige Ruhe der einen ist. Und

in mir leben die Schauer der Wiedergeburt ewiger Religion und ewiger Ver-
einigung.
Dieses zitternde Pappellaub, hoch, schlank, dunkel in das weiße Licht hinein,

dieser schimmernde Birkenstamm, traulich geducktes Buschwerk, diese glei-
tenden Wellen, diese Hand, die ich gespreizt gegen das Licht halte, mit dem

Geflecht ihrer Adern, mit ihren wunderlichen Linien, mit Sehnen, Muskeln und Knochen: alles, alles ist das ewige Spiel ihrer Kraft und ihr neckisches Versteck, hinter dem sie sich selbst sucht und jubelnd sich findet und immer, immer wieder findet.
So müde bin ich, so ahnend müde.

Will eine Schranke fallen? – Willst du mich finden? Will ich mich finden?

Und ein neues Spiel, und immer ein neues und ein schöneres, lustigeres

immer?
Fern das Lied – verklingend mit sehnendem Jubel das Lied ...

Das Lied ...

* * *

Und alles wieder still und rauschende Ruhe. Ich fühle, wie jede Fiber in mir zuckt und sich spannt.
Das Ende? Und welches?

Welches auch immer: keins und nie und nimmer ein Ende. Eine Schranke,

die fällt; ein Dunst, der verweht; ein jubelndes, lachendes Hervortauchen. –
Wohin?
Weit, unendlich weit ist die Welt, und doch immer und überall einzig du,

ich ...

* * *

Was wär ich, wär ich diese wilde, rastlose Lust und dieser unermeßliche Jammer? – Was wär ich, wär ich dieses hinfällige Gestell von Knochen, Fleisch, Muskeln, Sehnen und Nerven und nicht dieses ahnende Sehnen?
Wild ras' ich durch meine Erdenzeiten, durch Mord, Not, Blut, durch zahl-

lose Greuel, durch diese und gegen diese meine fieberwache Endlichkeit.
Betrüge, lüge, morde, hasse; stürze mich in zorniger Verzweiflung in den

Wahnsinn tausendfältiger Wollust; rase in meiner Finsternis und strecke mich gierig nach Erkenntnis durch meine Räume und Zeiten; verschlinge und gebäre meine tausend und abertausend schwankenden, entgleitenden, ewig wechselnden Täuschungen von sausenden Welten und ewig unbefriedigten Erkenntnissen; taumele durch die hastenden Zeitläufte meiner Vergänglichkeiten ewig von Jubel zu Verzweiflung, von Verzweiflung zu Jubel; bin blühende und welkende Völker und Reiche; krieche hin in dumpfer Befriedigung und klammere mich an karge, blöde Freuden; verschanze mich hinter Gesetzen, feige und weise gegen mich selbst; betrüge mich selbst und bin der Blödheit meiner engen Sinne ein zerfallender, faulender Haufe Schmutz und ein kleines jämmerliches Ende.
Was wär ich, erkargte sich mein sehnendes Ahnen nicht zwischen tauber

Lust und taubem Leid ein paar stille Friedensblumen und wäre nicht der

Preis und Sieg aller meiner Verzweiflung und meines heißen rasenden Ringens gegen mich selbst das Wissen von meinem wohlverbürgten Frieden und immer und immer wieder sein endlicher Besitz?

* * *

Gelassen seh ich jetzt das grausigste aller Rätsel und beantworte seine dunkle Frage. In unendlichen gelben Wüsten steh ich der uralten bösen Riesenfratze gegenüber und sehe lachend in ihre toten, starren Augen.
Und hier ist all meine Nichtigkeit, mein Stolz und meine hohe Würde:

Ich, ich selbst bin ihr großes, starres Schweigen. Ich selbst bin zu tiefst in

mir eine große, weite, schweigende Ruhe, ein dunkel schlummerndes Können und Wissen und doch eine ewig bewegte, milliardenfältige Unrast. Dies beides und doch das eine, einzige: eine große, weite, schweigende Ruhe.
Meine Unrast aber und meine Verzweiflung schreit tausend trübe Fragen in

mich selbst hinein, wieder und wieder, ihrer selbst gewiß zu werden und ihres endlosen Wandels, und sich zu finden, immer von neuem, in einer stillen, gefriedeten Einheit.
Meine Unrast aber seid ihr. Meine Unrast bin ich als das ewig und unend-

lich Vielfältige: als Elemente, Sonnen, Pflanzen, Tiere, Menschen und alle Wesen und Seelen: dies alles und seine unermeßlich zahllosen Einzelheiten und ihre unermeßlich zahllosen Schicksale.
Das alles schreit in mich hinein, findet Antwort und keine, findet ewig Ant-

wort und als seligste Antwort ewig schweigende Ruhe.
Denn aus dem dunklen Urgrund meiner Ruhe und Nichtigkeit tönt ewig

und ewig als Antwort auf die wilde Sehnsucht ewiger Frage ihr ewig gleicher Widerhall und nichts, nichts als ihr Widerhall.

* * *

Denn dann, wenn je und je am wildesten die alte Frage gellt und an dem uralten, mystischen Geheimnis rüttelt, dann – Frage und Antwort zugleich – tönt sie zurück aus den dunklen Weltenfernen ewigen Lichtes und ewiger Gewißheit, und einer wird geboren, der ihr Mund ist: einer, der ist der ewig Wiedergeborene, der Stille, unter dem ewigen Mysterium Duldende, in dem Endliches und Unendliches offenbar wird als das eine, das ewig liebend sich selbst umschließt.
Wo aber in aller Welt je und je er hineingeboren wird in die Endlichkeit, da

erhebt sich ein neuer Tag und eine neue Zuversicht. Da jubelt die Freude, da lächelt der Friede, und da rüstet sich ein neuer, junger, todesmutiger Wille und hat eine neue Bahn und ein neues Ziel endloser Betätigung.

* * *

Das ist all meine Nichtigkeit, mein Stolz und meine hohe Würde. Denn wenn ich ein Wort vom Frieden weiß, so ist es nichts als eures Unfriedens Widerhall und die irre Frage eurer Verzweiflung. Die tön ich zurück, zu meinem Teil, in ewig stiller Gelassenheit; einer, der treu, schlicht, hingegeben

43

hört, aufnimmt, zusammenfaßt, und der wiedergibt: treu, schlicht, hingegeben.

Das ist mein schauriges und unsagbar seliges Los! Nichts, nichts bin ich,

nichts und alles.

Ihr seid ich, ihr! Und ich bin ihr! Du bist ich, ich bin du; und du und einzig

du bist meine ganze Würde und meine ganze Nichtigkeit. Das ist die ewige, lachende Erkenntnis und ewig die Morgenröte eines neuen Tages ...

* * *

Zwischen mir aber und ihr dunkelt eine Nacht.

Schon bin ich hineingetaucht in ihr weites Grauen. In das Grauen zwischen

Anfang und Ende. Sie ist der heimliche Tod, der mich verzehrt.

Sie kommt mit den kühlen Schauern einer schweren Müdigkeit. Sie ist die

Feigheit, die bang und zaudernd am Überwundenen hängt. Liebe und Haß, die mich verfolgen, und hundert Gewohnheiten und tote Begriffe, die doch noch leben wollen, und hetzende Zweifel alter Begrenztheit. Und sie ist ein letzter, noch nicht ausgefochtener Kampf und das krasse Gesicht einer alten Lüge, die ewig und ewig wieder mich, den ewig Lebendigen, erschauern macht. Sie ist die grausige Starre eines Kadavers und seine dumpfe, gärende Fäulnis. Sie ist der wild verwirrte, trübe Tumult neuer, geahnter Welten, meiner Feigheit zu weit und zu herrlich, viel zu weit und viel zu herrlich. Mein Tod ist diese Nacht, mein langes Sterben, der dunkle, trübe Wandel

zweier Tage, zweier Tage ...

In diese Nacht und in diesen Kampf tauch ich hinein. Mit fröhlichem, wis-

sendem Mute und mit einer stolzen, kräftigen Seele. Die ist ein Held geistiger Kämpfe, gewaltiger als alle Leibesgewaltigen der Vorzeit.

* * *

Langer, langer Weg! Dunkler Kampf! – Und sein Ziel? – Ach, Ohnmacht meines armen Wortes! – sein Ziel ist ein ungeheures Meer des Schweigens! Da werd ich endlich hineinschwinden, ich und der Kreislauf aller Seelen und

Sonnen und alle Unrast.

Ich und alle meine Unrast: Seelen und Sonnen: ich bin dieses Schweigen,

und einst werd ich mich ganz als solches erfassen und in mir selbst ruhen.

Das ist mein ewiges Ende und mein ewiger Anfang ...

* * *

Wenn die Sterne strahlen, wenn die Lüfte raunen und die letzten, stillen Farben spielen: jetzt ...

Jetzt – o Qual der Qualen! – jetzt kenn ich meinen langen Weg, und meiner

Blindheit dämmert rosig ein Ziel ...

Schönheit

Sonne! Sonne!
In mir treibt die köstliche Unruhe deiner Kraft!
In mir dein Lachen,
in mir ein heimliches Lachen!
Befreit lachen nun in mir alle Menschen,
lacht in mir die ganze Welt!
Ein einziges goldiges Friedensgelächter lacht mein Herz in alle
Fernen hinein!

Alle, alle kommen sie zu einem großen Mahl,
mit tausend bunten, wichtigen Meinungen:
Gute und Böse,
Zweifler und Fromme,
stolz und demütig,
wissend und einfältig,
vornehm und gering,
Ausschweifende, Diebe, Mörder –
Alle, alle kommen sie
mit fragenden sehnenden ängstlichen Augen,
denn sie glauben,
daß sie häßlich und sündhaft seien.

Aber wie sie kommen,
in breiten Scharen,
mit unzähligen dunklen Geheimnissen,
mit Gebresten,
Lastern, Schwächen, Einbildungen und Lächerlichkeiten –
ein einziges
unauslöschliches Gelächter ist es,
das sie empfängt,
das sie vermehren.
In diesem Gelächter aber
lebt der bitterste Grimm
und das fruchtbarste Mitleid...

Nun röten sich Gesichter,
glätten sich Falten und Runzeln,
verschwinden Geschwüre,
ergänzen sich Glieder,
hellen sich trübe, blöde Augen,
runden sich magre Leiber
und verjüngen sich ungeschlachte.
Und alle sind nun eine einzige
selige junge Göttergemeinde.

Jetzt!

In mir!

O Wunder!
Dummes, fröhliches, freches Frühlingswunder!

Am Graben

Hier, zwischen Schaumkraut und Vergißmeinnicht wollen wir ruhen, im schönen, weichen Gras, am Graben, wo die Kätzchen schaukeln.
Sieh, zwischen den gelben Lilien, zwischen Kuhblumen und weißen Stern-

chen, im goldigen Gezitter unser Bild.
Da: deine Augen!

So lachend, so jung! So dunkel! ...

Und dein Lachen, durch die weite, selige, strahlende Stille dein helles La-

chen.
Näher, und Wange an Wange.

Der Wind, leise, leise in den Binsen, und der kühle Wasserduft herauf.

Wir träumen ...

* * *

   Sieh, hier lang am Ufer hin! Wie es aufquillt vom braunen Grund in trau-bigen Gebilden.
Der jungen goldigen Wärme entgegen.

Es will reifen, will sich gestalten.

Sieh, in weicher rauchiger Masse der dunkle Kern.

Uranfang. Ruhe. Vollendung ...

Nein! In der engen, runden, winzigen Wand, millionenfältig *du* und *ich*, und

immer *du* und *ich*, unser Widerstreit und unsre Vereinigungen, unser unend-liches Spiel ... Windet, krümmt, stülpt sich, wogt im endlosen Wechsel, in der süßen Qual ewigen Wandels; ungeformt und dennoch in unbegreiflichen Gestaltungen, viel zu wunderbar unserem plumpen Begreifen!
Zu wunderbar! Wir uns selbst! Du mir! Ich dir! ...

* * *

   Du siehst mich an.
Sieh mich an!

Banne mich mit deinen lieben, bösen Augen!

Nun halt ich dich, und Mund an Mund ...

Die Welt um uns mit Nähen und Fernen und ihren Millionen Formen ein

Wirbel, ein dummer, dummer Wirbel! ...
Nur hier ...

Alles! Nichts! Gott! ...

Im Heidekraut

I

Auf der Klippe

Hoch oben lieg ich,
im Heidekraut,
hoch über den dunklen Wäldern,
hoch auf sonnenglühendem Geklipp.

Ich denke, ich treibe auf einem endendlosen Meer,
Das Spiel seiner Wogen ist das helle Himmelsblau,
das unaufhörliche Rauschen und Wühlen des freien Bergwindes in den ho-
hen Kronen,
Vogelgezwitscher und wehende Düfte,
Summen, Schrillen und Knistern der Käfer,
die hundert Geräusche der windbewegten Zweige,
blitzende Strahlen
und ruhende, gleitende Lichter,
wellende Farben
und das Blinkern und Donnern der Wildwasser –
und meine Gedanken,
meine dummen Gedanken...
Mit Strömen von Wärme und Licht rauscht die Welt Lieder durch meine
Pulse,
dunkle, grausige, süße Lieder der Einheit.
Über die blauen Täler hin,
in die weite, sonnige Welt hinein
schwatzt dich meine Sehnsucht,
du liebes, unergründbares Rätsel;
neckt sich mit kindlichen Torenworten
die uranfängliche Kraft,
ihr eigenes Rätsel
und ihres eigenen Rätsels Sinn...

II

Heidekraut steck ich an meinen Hut
und wandre.
Was ist mein Ziel?
Der Ruf eines Vogels
glockenhell
aus einem tiefen,
fernen Grund...

Unter den tiefen dunklen Wolken

Unter den tiefen dunklen Wolken hin
hinein in den fröhlichen Vorfrühlingswind.
Die grauen Wellen
schäumen über den Kies
und in den roten Weiden
Zwitschert eine Lerche
ihr erstes, eiliges Liedchen:

Goldige Fluten!
Blauende Höhen!

Immer, immer mit dem Winde herüber
das eilige, helle Zwitschern.

Sonne, liebe Sonne!
Du liebes altes schelmisches Auge
da oben
zwischen der dunklen
jagenden, fruchtenden Feuchte!
Morgen, morgen verbrausen die wilden Stürme!
Morgen, morgen hab ich dich!
Morgen jauchzt dein goldiges Gelächter über die Welt...

Die Vehikel

Gib mir, wo ich stehe!
Nun! Ich bin so ein Allerweltspapa, sitze irgendwo im Mittelpunkte der Welt

in einem alten, guten, soliden Sorgenstuhl, von wo aus ich den schönsten,
geordnetsten Überblick habe.
Man meint, meine Augen seien ein wenig schwach, mein Gehör ein wenig

verschleiert. Das sind so Besorgnisse und Klagen, was weiß ich! jedenfalls
Vorurteile.
Ich sitze ja hier vortrefflich, und alles hält sich in bester Ordnung.

Wirklich! Es ist eine ewige, endlose Freude!

Da seh ich viele Millionen goldener runder Wagen, die fahren in weiten, ju-

belnden Kreisen einem gutverbürgten Ziele zu, fahren die weite, weite Fahrt
durch die Welt.
Das ist ein einziger, allerliebster Dummerjungenskrakeel, ein einziger süßer

Spektakel!
Da kribbelt es in ewig geschäftiger Unrast, und ich sehe lauter weite lachende

Kinderaugen.
Und alles ist ein nimmer endendes Halleluja!

Wie?!

Nun, wie's auch damit sein mag: ich sehe, was ich sehe! – Millionen, Milli-

arden lustiger Vehikel meiner Seligkeit, meiner Seligkeit!

Sommerabend!
Ich trete vor die Tür, vorm Schlafengehn noch ein wenig Luft zu schöpfen.

Müde laß ich mich auf die Bank nieder, zufrieden.

Nach getaner Arbeit ist gut ruhn.

Mit dämmerbraunen Felderbreiten dehnt sich im Halbkreis weit das flache

Land. Die milchweißen Nebel liegen auf den Wiesen, von den Getreidefeldern weht die Kühle den köstlichen Roggenduft herüber, und aus der Ferne schnarren die Rebhühner.
Weit über dem braunen Frieden der Breiten aber dämmert der Himmel mit

allen Sternen. Breit schimmert die Milchstraße zwischendurch.
Ich lehne den Kopf in das Weingerank der Mauer, und meine Sinne versin-

ken in dem unendlichen Geglitzer.
»Heilige Nacht! Wie ein Cherub strahlst du!« ...

* * *

Versunkensein!
Wer ermißt diese Tiefen?

Innen und außen: kaum sind sie zu scheiden.

Ich bin die lichtgewölbte Weite da oben mit ihren zahllosen Welten. Ich bin

das tiefe, süße Dämmern der Breiten, der Duft des Roggens und der tiefbraunen Erdschollen. Ich bin der Ruf der Rebhühner, leises Laubrascheln und hundert feine Geräusche; bin das Gekläff des Hofhundes vom Gehöft drüben; bin der zarte Sternschimmer auf seiner Scheunenmauer; bin die tiefen, schwarzen Schatten.
Und in mir noch eine Sehnsucht?

Augen! Augen! – Fern, fern weite, große Augen, tiefdunkle!

Immer, immer mit demselben uralten Rätsel! ...

Der Tod

Ich sehe einen lieben Menschen sterben, mir innig verbunden.
Mit einemmal kommt mir das Bild hier in die Dunkelstunde hinein.

Ich sehe ihn auf dem Sofa sitzen. Die Arme hängen schlaff in den Schoß, die

Beine hat er, voneinandergespreizt, lang vor sich hingestreckt. Das Gesicht
ist fahl, und darinnen glühen die braunen Augen. Mühsam wendet er den
Kopf, aber sie sehen nichts mehr. Sein Bart neigt sich auf die Brust, allmäh-
lich verröchelt der Atem: er ist tot.
Und ich sehe ihn auf seiner Matratze liegen, mit seinem stillen, weißen Ge-

sicht, in seinem Leichenstaat, schwarze Handschuhe an den Händen. Arme
und Beine von sich gestreckt, liegt er da wie ein Hampelmann.
Mich überkommt ein Brüten.

Will mich etwas bange machen?

O, in mir ist eine trotzige Unwissenheit, und die fabelt aus den Tiefen meiner

Unruhe ein fröhliches, ausgelassenes Märchen!
Tod! Was kümmerts mich, daß ich sterbe? Mein Tod ist meine letzte Wonne.

Nie wieder leben? Nie wieder leiden! – Leiden: Kämpfen!

Kampf! O Wonne, ewige Wonne! – In mir ist ein Auge, das sieht alle meine

Endlichkeiten und meine immer erneute, fröhliche Wiederkehr!
Ich bin ich, bin diese meine Endlichkeit, und ich bin Ich, bin mein ewig

Unbegriffenes, das ist über Räume und Zeiten und alle Meinungen meiner
Endlichkeiten. Mein Endliches ist nichts als eine zitternde Flocke, die auf
Seiner urewigen, zeitlos gebärenden Flut schaukelt.
Ewig Ich-Du!

Fühlst, fühlst du das?!

Ewig tauch ich aus den Tiefen Meiner Einheit als ein Endlicher und eine

Endliche!
Du, o du, fühlst, fühlst du das?! ...

Das dunkle Tor

Ich weiß ein dunkles Tor.
So klein oder so groß es ist,
kommt, ihr fröhlichen Kinder!
da stoßen wir all unsre Freuden
und all unsre Leiden hinein,
in leidfroher Lust,
in lustbangem Leid,
die müden.

Irgendwo, irgendwie ist dahinter ein Jungbad.
Wenn sie wieder hervorkommen,
die lieben gewaschenen Seelchen,
zu uns,
in die Sonne,
so gibt es eine neue Lust!...

Was es doch ist!

Dir geht es schlimm,
mir nicht besser!
O wärs am Ende!

Aber hier ist mein, dein Leid,
meine, deine Sehnsucht,
und hier ist ein drittes,
Notwendiges!

Was ist es?

Ist es ein Keimchen, das noch sprießen muß?
Ist es ein Sonnenstäubchen, das noch wirbeln muß?
Ist es eine Blume im Mai,
eine Flocke im Winter,
ein bunttaumelndes Blatt im Herbst,
ein Staubkörnlein am Sommerweg?

Was ist es?
Wenn es nicht wäre,
wäre die Welt am Ziel!
Wenn es nicht wäre,
läge die Welt in Trümmern!
Mein, dein Muß und Zwang! –

Was ist es doch?

Zwischen Anfang und Ende
müssen wir ihm befohlen sein!...
Der Neugeburt eines Mückleins wohl,
das noch zum Licht will...

Glück

Goldene Träume träumt die Not und die laute Torheit!
In blauen Fernen erdämmern Welten der Verheißung, erdämmert das ver-

kündete Reich des Friedens!
Aber Millionen dunkler Stimmen kommen und gehen, Stimmen der unbe-

friedigten Not und der Gerechtigkeit, Klagen, daß nur der Traum des Trau-
mes Erfüllung! ...
Küsse mich!

Wir sehen uns an und lachen!

Unser sind tausend Traumwirklichkeiten, und mehr! Denn uns gehört ein

gegenwärtiges kluges Glück und fromme Stunden der Erfüllung, der ewigen,
einzigen! ...

Eine Phantasie

Was ich schreibe, das schreibe ich von mir selbst, und wer es liest, der mag nach Belieben denken, er lebe es in sich selbst. Immer ist ich ich und du und gar umfangreich! ...
Ich halte Dunkelstunde bei einer Zigarre.

Lange cremefarbene Gardinen mit feinen cremefarbenen Spitzen vor einem

breiten, hohen Fenster. Und dazwischen, drüben über dem Dachfirst, steht hell der große runde Vollmond und lugt silberblau in meine Stube.
Mir wird so närrisch zumut, und ich fange an zu phantasieren.

Es ist wie eine religiöse Anwandlung.

Ich denke, ich bin der eine, der Wanderer von Anbeginn, liege hier still und

höchst modern auf meinem Ruhebett und schaffe mir ein Divertissement.
Ich habe eine gar ruhige, umfassende Laune; viel, viel paßt in sie hinein.

Selbst ermeß ich nicht ihre dunkelsten Tiefen! –

* * *

»Schwester du vom ersten Licht,
Bild der Zärtlichkeit in Trauer...«

O Mond! O Hell-Dunkel! O lichte Nacht!
Ich denke, du bist es, eine Ferne, die hier hereinschaut, und ich phantasiere

mit dir fromm das alte Märchen von unserer Ewigkeit.
Weißt du noch? Weißt du auch?

O weite Fahrt! O wogende wechselnde Welt!

Du mein goldener Dämon! Mein Wille und meine Sehnsucht! Wie mit ei-

nem Strahl aus deinem fernen Auge, neckisch, sehnend, grüßt es mich, dun-
kel ...

* * *

Religion ...
Leben, Verwesung! Blüte und Welken!

Ich träumte es in zwei Träumen.

Es war eine herrliche, grausige Fahrt durch ein endloses Meer, durch Milli-

arden geheimnisvoller Gebilde mit unzähligen Landungen und Abschieden.
Und es war ein Heben und Sinken, hinauf in Himmel blutwarmen, kraft-

fröhlichen, liebegewaltigen Lebens, hinab in fade, schauerliche Verwesung;
und hinauf hinab, hinab hinauf!
Und das ist unser ewiger Wandel und unsere Einigung! ...

* * *

Laß! Komm!
Hier!

Drüben auf dem Tisch im blauen Traumlicht steht eine Amphora.

Wir machen uns Hellas zu eigen.

Säulenpracht und heiligheitre Tempelschöne. Im holden Bann des Drei-

klangs umspinnt uns unser altes Lied mit goldklaren Melodien.
Der edle Faltenwurf langer, lichter Gewänder. Die Spiele der Olympien, das

schöne Gleichmaß heller, athletischer Gliederpracht.
Aber dein Auge, immer und nur! Tief, klar – dunkel! ...

* * *

Und jetzt sind wir in Indien, in der alten, uralten Heimat!
Eine fremde, wunderlich üppige Vegetation; seltsam glühende Blumen mit

wundersamen Düften. Dunkelhäutige Menschen mit dunklen Weisheiten.
Die mystische Pracht und Gliederung der mächtigen Tempel. In ihrem blau-
en Dämmer zwischen heimlicher Farbenglut, funkelnden Steinen und Me-
tallen riesige, starre Götzenbilder, Spiele unserer Träume von uns selbst und
unsrem ewigen Schicksal. Zimbelklang und seltsame Tänze und Künste und
der Wahnsinn der Begnadeten.
Aber nur immer ich und du und unser süßes, tiefes Geheimnis! ...

Immer mein, dein Fliehen und Finden!

* * *

Nun ist hier unser Rhodus, und hier tanzen wir! Hier!
Da sind die hohen Häuser, und hier ist unsre Stube und dieses gegenwärtige

Leben! ...
Ist es nicht ein schönes Märchen, das Märchen von dir und mir? ...

Nachthimmel

Hoch in den Höhen,
weit über den nachtdunklen
raunenden Gärten
funkeln alle Gestirne.
Die Liebe,
die ewige Liebe
hat zu tun!
Hilft,
hilft, daß die Welten stieben!
Und ich versinke
staunend
in dem mystischen Grauen
eines unendlichen Trostes!

Andere Gedichte

Abend

Ein Sternchen schon dort drüben über den schwarzen Kronen.
Wie auf den dunkelnden Wiesen dort die weißen Nebel wallen!
—

Auf unserm Dache gurren die Tauben,

Und die Schwalben zwitschern so hell in den müden Abend.
Sieh, ha drüben hat der Tag seine gleißende Plage

Fort, weit hinüber in die fernen Länder geschleppt.
Horch, dies raunende Lüftchen in unserm Weinlaub!

Wispert so heimisch zu unserm Kämmerchen hinauf.
Still! Fühlst du die heiligen, sanften Fittige rauschen?

Aber trotz allem

Aber trotz allem,
Das muß ich Dir sagen —
Was ich heute doch
Als das Schönste empfand:
Am Fenster in der Sonne sitzen.
An Dich denken,
Und aus der Zigarre
Die wundersamsten,
Lichtblauesten
Rauchkringelgewinde
Auf- auf- auf-,
Hinaufbeben zu sehen,
Hinauf! Hinauf!
In die Sonne...

Achamoth

Es standen die Hohen, die Ewigen
Auf ihrer Götterwiese
Im heiligen Kreis,
Im Traum ewiger Schönheit,
Und suchten einen Gedanken,
Der seine Stätte hatte.
Und sie richteten ihre Blicke

Auf Demiurgos;
Und der Gedanke ward Wort
Und offenbarte sich;
Und Demiurgos sprach:
"Ich sehe Pein.

Zu rein
Thront Sophia
Und sehnt sich nach Wesen und Schein,
Nach ihrer Achamoth,
Nach Fleisch und Bein."
Und die Ewigen

Wandten ihre Blicke von Demiurgos;
Und er stürzte ab,
Der wikende Erlöser,
Ein großes rotbrünstiges Gestirn.
Hinab zu Achamoth,
Ins Chaos....

1. Adams Erwachen

Ich sehe Adam liegen,
In seiner ersten Stille.
Welch' seltsamsten Herzschlag hör' ich klingen?
Welch' Zaudern?
Und was stockt hier für ein Wille?
Der junge Riese ruht auf grünender, blühender Erden.

Noch krank, so schwer noch befangen.
Doch im Werden.
Stets im Werden.
Noch tiefe Nacht.

In tiefer Nacht,
Da wo Ahnung letzter Stille stockt —
Nichts als solchen Herzens seltsamster Pulsschlag
Und dies Lied:
Kennst Du den Feigsten der Feigen?

O, den Erkorenen!
Den Feigen ohne Gleichen?
Den schon Geborenen!
Du bist in seinen Bereichen.
Bist im Schweigen.
Herz! Herz!

Mit diesem zuckenden, stoßenden Wiegentakt!
Du und die Stille!
Du vor der Stille!
Die Stille und ihr Selbstfliehn,
Und ihr suchender Wille!
Dies bestehn¿

Dies sehn?
Sehen wissen.
Warten!
Warte, Wissender!

Du kommst!
Kommst tief aus Dir
Zu Dir!
Und die ewig müssen und wissen kommen!
Das aber wird nur dem Lacher,

Dem Helden tiefster Feigheit frommen. —
Er kommt! Sie kommen!

Bauen neu alten sichren Trug

Um das eine schwere, alte Wort der Stille,
Zu dem sie kamen.
Das sie vernahmen.
Noch ist es ganz Mutterton,

Der Mütter Ton für den Verlorenen, den Erkorenen,
Den Sohn.
"Ja, da sind wir!

Nicht: wie lang und bang unsre Nacht?
Ja, und lache!
Länger nicht als am längsten.
Bänger nicht als am bängsten.
Und nun sieh, wohin Leid stockte,
Und was Leid lockte.
In diesen dunklen Armen, Sohn!

Aus diesem Ton,
Lausch', erschau', was unendlich beschränkt,
In sich bedingt und nie verhängt.
Nun, was war's denn?

Er muss kommen!
Und so kommt Phöbus!
Mit seinen alten, alten, alten urgewissen Tagchören,
Den gleichen und - neuen.
Lenzhoren mit Blumen- und Glanzgewinden,
Mit Vogellied und Schalmeien.
Immer und immer als solcher aus solchen Herztakt geboren.
Phöbus und die Tagchöre!"

Und es erwacht der Sohn,

Und er lacht schon:
"Ja, das war das zwischen uns wachsende Schweigen!

Doch wollen wir betonen:
Schweigen müssen!
Ach, wie hasst ich euch, ihr, dahinten!

Ach, ganz ganz fern, wie fern da hinten:
Scheinen da nicht Wogen zu gehen?
Scheinen da nicht Stürme zu wehen?
Scheinen da nicht Sagen zu raunen??
In tiefen, tiefen, tiefen Dämmerungen?
Im nun lieblich-luftigen Märchenbraunen?
Bausen, sausen. Heimlich-heimisch.

Groß nun Vollendetes!
Bausen, sausen. Heimlich-heimisch.
Wiegend, tragend!
Totenchöre!

Auch sie: losgebunden!
Selige Gesänge nun, fremde.
Befreit wir beide.
Alle sind sie abgewehrt!

Ihre Namen sind gemessen!
Schuld ist vergessen!
Alle sind sie aufgezehrt!
Ach, wie hasst' ich, hasst' ich euch!

Mit solchem Hass: wie tief fasst' ich euch!
Ich hasste euch für eures Spottes raue Lehren;

Doch, in welch' lachendes Dankwissen
Musste solcher Hass sich kehren!
Aber von diesen neuen Tagchören,

Nach denen ihr doch so Begehr trugt'
Begehr, das ihr in mir mit mir bis hierher trugt,
Dürft ihr nichts hören!
Sie können durch ihr Schweigen

Nie zu euch herniedersteigen,
Und ihr könnt sie nie erreichen. —
Doch ist dies ein vorbestimmtes, notwendige Auseinanderwei-

chen,
Des Einen und Gleichen! —

2. Die Betörung

Aus der Schar der Mütter, der weisesten Frauen,
Die oben erst, starr, doch nun schon und für immer,
vertraut, um den Gipfel eines Ölbergs,
Eines Ölbergs grauen,
Trat sie hervor und kam herab, ein Wunder zu schauen,
Durch wirkend brütendes, feierliches Graugewölk seltsam
fröhliche Unruhe, ein siegreicher Sonnenstrahl;
Und kam zu Tal.
Nackt und lachend, ganz ein jungjunger Maientag,
Kam sie weilend jetzt, langsam, sinnend, nun hüpfend, mit
muntren und stockenden Spielen, trällernd jetzt und
seufzend dann, singend und mit Silberjauchzen
Durch den Granatblütenhag;
Langsam. Nahte. - Der Mütter Mutter! Eva! Eva!

Aus der Schar der Weisesten, der Grauen,
Die Älteste der Alten selbst, die Jungfrau.
Denn es war Sein Jahr; das große große Jahr,

Da alle, alles Bäume voll Früchten hingen;
Da alles, alles in seiner Erfüllung stand;

Da die Lämmer mit den Tigern auf der Weide gingen.
Nie zitterte Witz, Wort, Schlange so gepresst,

So ruhend, in sich selbst hinab,
Schlummernd, rastend in tausend farbigsten, müßigsten, lustig-
sten Spielen;
Wohin zu zielen? —
Zittert in Ihm,

Im Schlummernden auf grüner blühender Erden,
Im Adam-Lucifer,
Denn nur zur süßesten Betörung erwachenden.
Das Jahr der großen glühenden lachenden Blumen;

Ja, und - der Papageien - - —
Der Spiele zwischen den Kallen und Orchideen;
Das Jahr der Fülle.
Sie kam. Sie bot.

Dies, dies. Dies alles!
Lachend und mit Silberjauchzen; doch seufzend auch —

Vom Berg herab, vom Ölberg,
Durch den prangenden Granatblütenhag;
Durchs Jahr,
Durch große, große, jubelnde Jahr. —
Kam! Bot!

Und sie spielten...

* * *

Und langsam, aus Spielen gedunkelten Wissens, vergesse-
nen,
Aus Wirbel, Jubel, Reigen der Früchte, der Unschuld, des Ra-
stens,
Da alles, alles, alles erfüllt, vergessen und verändert war:
Langsam, still, heimlich, klein' Neu-Beginnen. —
Und Schlange, Witz, Wort da.

Erwachend. Schon wispernd.
Leis-leises Anfangswort.
Schlange da.
Ringelt um Baum; Granatbaum.
Reicht Apfel.
"Und sie nahm."
"Und er nahm und aß auch davon."
Und der Cherub mit dem bloßen, hauenden Schwerte.

Wie's Bestimmung war.

3. Das Wunder

    Weißer Schneesturm, der im Grauen
Grimmig wütet, und erbost
Hier vor meinem Fenster tost:
Ein Gesicht lässt Du mich schauen,
Und ich wills das große Wunder nennen. —
Denn von Bibelfabelreichen
Darf Bedeutung ohnegleichen
Jetzt ich trennen;
Zeitlos ewiges Geschick,
Offenbar in Gegenwart und Augenblick. —
Seh' ich klar und seh' ich wahr?

Ist's doch wie das große Jubeljahr!
Sind dies nicht die ew'gen Beiden,
Dort auf fernen Winterheiden:
Rodion Romanowitsch, Grübler, Sträfling, Paria;
Und die Sonderbare bei ihm da,
Um die ich schon frömmste Ehrfurchtstränen weinte:
Mörder und Dirne! —
Esonia, ihm geschickverbunden: siehe, leitend!
Mystisch Wissendste um Dunkelpfad; bereitend
Gnadenwahl und Neugeburt; Mutter, Magdalene und Maria!
Dies das Wunder! Dies! Nur dies!

Adam-Lucifer! Sein Paradies!
Mörder, im Bettlerkleid zerrissen,

Und geleitet von Liebe, preisgegeben nackester,
Vom ewigen, mütterlichsten Wissen;
O, auf ewig Seinen Wegen,
Welchem Morgenrot entgegen?...

Alt und Jung

Als wir durch das Dorf fuhren,
Durch den schönen Lindenblütenduft,
Standen die lieben beiden Eltern vor der Thür,
Hielten zwei Muskathyacinthen in den Händen,
Die haben sie uns beiden Jungen gegeben
Und haben gelächelt. —

An Edvard Munch

Dein Lasso, Deine Linie,
Mit der Unfehlbarer Du
Das flüchtigste Wild, die fliehende Seele fängst!
Schönheit webenden Protoplasmas!

Protoplasmas Wiegenlied!
Zaubrer! Magier!
O Deine Wiegenliene!
Hier ist die bebende!
Hier ist schon ihre neue Schönheit!
Hier ist ihr neuer Wille!
Schon traf mich ihr junges Lächeln.
Dank, Dank Dir, tausend Dank,
Du Tiefbegnadeter!...

An Friedrich Nietzsche

Wie schön tratest du zu mir her,
O Dionysos, mit deiner dunkelklaren Schale!
Hellenisch und doch tiefer hehr:
Mit dem indischen Male.
Doch grüßt' ich dich einen Langvertrauten.

Früh entfachte sich der mystische Ringelkreis in meiner Seele.
Ach nur, damit er lange in schwülen, bangen Wüsteneien
schwele!
Aber, o, der Erhaltende!

Treu im Trüben und unerlöschbar Waltende!
Mit seinen heimlichen erwachenden Lauten!
Heil! Viele wir w i s s e n nun; sein Volk will lachen.

Will sich erheben und so neu, so wie noch niemald, so eigen
erwachen.
Im Engen, im Stillen, im neuen wollenden Brausen,
Drangen wir hinein in sein tieferes Grausen.
Jetzt aber werden wir die sein, die fruchtbar fliehen nach
Außen.
Schon sind neue Kontinente gesichtet.

Schon sind Anker gelichtet.

Apostrophe

Du mein Tautröpfchen!
Du mein Flackerfeuerchen!
Mein Apfelduft!
Meine Pfirsichblüte!
Du lieber, kleiner, fröhlicher Schatz!

Auch mir den Hippogryph, ihr Musen?

Auch mir den Hippogryph, ihr Musen?
Zu einem Ritt in das alte romantische Reich?
Ach, laßt ihn ungesattelt!

Gebt ihm endlich Ruh!
Er und ich sind dieser Fahrten überdrüssig,
Dieser Fahrten nach Phantomen,
Schillernden Bovisten, die zerplatzen und stinken
Wenn man sie greift.
O Wunderpracht von neuen Himmeln!

O Wunderreich befreiter Wirklichkeiten!
O neu enthüllte Sicherheit der ewigen Idole!
O Flug und sel'ger Fluch! —

Auf der Düne

Auf der Düne lieg' ich, im weißen Sand, im lichtblauen
Schatten der starren Gräser.
In flimmernder Wärme lieg' ich, vergessen, in goldigen

Strahlenspiel, im Kosen und Flüstern der Winde,
selig betäubt von dem großen Getön der Brandung,
und höre ihr einziges Lied.
Und meine Sinne sind dies weitgewaltig andringende

blaue Fluten, sind diese aufblitzenden, nahenden, glei —
tenden Silberschäume gegen diese weiße Einsamkeit
des Strandes.
Sonnigste, seligste, schmeichelnde Tiefeinsamkeit!

Himmel und Meer in ihrer erhabenen Größe und hundert

selige Farben!
Dieser violette Hauch der Buchtenhörner in ihrer Ferne!

Dieses stille, weiße Segel im äußersten Blau der Ferne!

O Sonne! Sonne! —

* * *

Meerlied!
Sonniges, fröhlich-blauendes, sommerliches Meerlied!
Aus deinen Purpurtiefen blitzen Offenbarungen wie sonn —
bestrahlte Möwenschwingen, schaukelt die ganze Fülle
meiner Reichtümer!
Denn dies alles bin ich und dies alles gehört mir! Und

die tiefsten Erkenntnisse und Einsichten der Größten
mit Gewaltigsten, Erkenntnisse und Einsichten, mit dem
Untergang Tausender bezeugt: tiefes Wunder! sie sind
nun das friedlich-tändelnde, freiwillige Sichgeben dieser
einsamen Stunde, in der meine Seele mit ihren Ewig —
keiten spielt!
Brause, rausche, singe!

Gib, gib mir die sonnenjauchzende Freiheit deines großen,

sieghaften Lachens!...

* * *

Dröhne so groß und weit und erhaben in dieser schäu —
menden, breitwuchtenden Brandung!
Flüstere nah und vertraut in diesen lichtgrünen, sonn —

durchspielten Gräsern!

Weitäugig leuchte hernieder aus dem endlos Klaren!

Lied, Stimme, dieser herrlichen Öde!

Erschauern will mein Herz von der Fülle deiner Reicht —

tümer!

* * *

Aber aus dem Nächsten kommst du nun, schmiegst dich an
meine Seele, flüstert in mein Ohr, und ich folge der
Richtung deines Fingers und sehe das Glück fröh —
lichster Gesichte.
Mit Wiesenblumen und roten Dächern, mit dem Brüllen

einer Kuh, mit einem windvertragenen Hahnschrei
befreist du meine süßbedrängte Seele und machst sie
lächeln.
Aus dem Alltäglich-Vertrautesten heraus zeigst du dieser

meiner gegenwärtigen Lust lachende Ewigkeiten!
Es ist nur dies kleine Fischerdorf hinter der grünen Düne,

hinter dem dunklen Frieden dieses Föhrensaumes.
Zwischen seinen roten Häuserchen führst du mich hin,

zwischen all seinem friedlich-bunten Kleinleben.
Hellflachshaarige Kinder spielen auf seiner Gasse; ernste

Fischer schreiten mit Rudern und Netzen, mit bärtigen,
braunen Gesichtern und lichten Augen, mit ihren
schwarzen Südwestern, ihre Kurzpfeifen rauchend. Sie
schreiten mit langsamen, schweren Schritten, in denen
doch Kraft ist und Rüstigkeit.
Sommergäste gehen zum Strand hinab in hellen Kleidern,

in modischem Putz, wandeln hin zwischen Wiesen und
reifenden Feldern, durch Sonne und Wind.
Und zwischen ihnen mach' ich meinen gewohnten Spazier —

gang und freue mich dieses vertrauten Anblickes und
nehme meinen Anteil im heiteren Nichtstun dieser
Tage und Stunden.

* * *

Und plötzlich hab' ich ein Gewähr, nicht zehn, nicht hundert
solcher Körper machen meinen wahren Leib aus.
Und ich, sie alle, Menschen: wir sind nur der eine wahre

Leid des Einen sich wandelnd immer Wiederkehrenden,
in dem unsere Ewigkeit beschlossen ist.
Ich erschauere vor dem purpurnen Geheimnis des Einen

und der Individualität, ich erschauere vor den Geheim —
nissen des Typus.
Ich sehe bis in das Herz und das Zentrum der Welt.

Gottes Gestalt lüftet sich vor meinen geöffneten Blicken.

Und ich freue mich der unverbrüchlichen Heiligkeit des

Typus und der Ein-Zahl.
Ewig entfaltet sich aus Ihr die unermessliche Fülle der

ewig Wiederkehrenden.
Meine persönliche Unvergänglichkeit ist mir verbürgt

durch Sie!
Und diese Wahrheit der Wahrheiten ist nun ein lachendes,

sonniges Sommerspiel.
Meerlied! O Meerlied!...

Stimme der Weiten!...

Aus den Fetes galantes

von Paul Verlaine. (Freie Übertragungen)

1. Mondglast

Deine Seele wird ein Zauberreich,
Das zierliche Masken schattengleich durchschweben.
Tänze schlingen sich, Lautenklänge weich,
Und es webt ein seltsam bizarres Leben.
Weisen flüstern von Liebesglück und -Leid,

Von Der Wonne üppig froher Tage;
Doch sie lügen ein wenig ihr lustig Kleid
Und ins Mondlicht verrinnt es leis wie Klage;
In dies träumerische Licht, so weit und hell,

Daß die schlummernden Vögel in Träumen schrecken,
Und sehnsüchtig seufzt der klare Quell
Unter dunklem, Wipfelgeraun im Marmorbecken. —

2. Im Grase

"Abbe, so abseits?!" - "Und Dir, Marquis!
Hat sich die Perrücke verschoben?!" —
"Schimmert mir dein Nacken so vor Augen, wie,
Camargo! soll ich diesen alten Cyper loben?!" —
"Mein Herz..." — "Do, mi, sol, la, si!" —

"Sieh, Abbe! Dein Trübsinn scheint sich zu heben?!" —
"Pflück' ich Ihnen nicht einen Stern vom Himmel, nie,
Meine Damen! Hab' ich mehr das Leben!" —
"Dein Hündchen möcht' ich wohl sein!" —

"Umarmen wir unsere Schäferinnen, die eine
Nach der anderen!" — "Ach nein! meine Herren! ach nein!" —
"Do, mi, sol!" - "Ach sieh da! Luna lacht über dem Haine!"

3. Die Allee

Buntgeschminkt wie zu der Zeit der Schäferfeste,
Unter all den großen Schleifen zart und schlank,
Promeniert sie unter schattendem Geäste,
Die Allee hinab, die alten Bänke entlang.
Trippelt mit kurzem Schritt, mit vieler Ziererei,
Wiegt das toupierte Köpfchen wie ein Papagei.
Blau ihr Schleppkleid raschelt und ihre schlanke Hand
Wirft mit zierem Bogen den Fächer, und sie lächelt
Verträumt des krausen Bildwerks, das er spannt,
All der galanten Abenteuer, und sie fächelt. —
Lichtblond, ein keckes Näschen, der rote Mund ein Versteck-
chen

Reizender Anmut und holder Grazie, und um

Seine Winkel ein leiser Hochmut, ein Schönheitsfleckchen
Hobt den Glanz des Blickes, der ein wenig dumm. —

4. Auf der Promenade

Der blasse Himmel und die schlanken Äste
Überschimmern mit ihrem zarten Schein
Das buntfröhliche Durcheinander unsrer Reihn,
Und unsre helle Kleidung knittert und flattert im Weste.
Ein leiser Lufthauch kräuselt den glatten

Spiegel des blanken Weihers, und das Sonnenlicht
Dringt durch die gestutzten Lindenreihen und bricht
Und kürzt der niedern Stämme blaue Schatten.
Zärtlicher Sinn und leicht entbrannte Herzen,

Flüsternd einen bald gebrochnen Schwur,
So plaudern und kokettieren wir die Schnur
Der langen Allee hin unter verliebten Scherzen.
Ab und zu, von einem der zarten Händchen,

Wird auch wohl ein gelinder Klapps appliziert,
Den man nachher reuesanft quittiert
Mit einem ergebensten Kuß auf das äußerste Endchen
Des kleinen Fingers. Ging man etwas weiter

Und war etwa zu stürmisch der Delikt,
Die Gnädige wohl etwas befremdet und kälter blickt,

Aber um den schönen Mund bleibt's heiter. —

(gekürzt)

Aus staubigem Reisetrubel, aus Stadtbraus

Aus staubigem Reisetrubel, aus Stadtbraus
Endlich zu Haus!
Und so bin ich,
Trippelelf,
Hold angeschmieger,
Mit Dir hinaufgegangen,
Und wir traten ein.
Endlich allein!
Löse Dein schwarzes Haar,

Du süßes, kleines Weib,
Das immer verdrießlich wird
Wenn ich lache; wenn ich mich freue. —
Drolligstes Figürchen, das Du bist,
Mit dem Ehrgeiz, ernst zu sein.
Denke: vierzig Jahre!
Ach, und wohl ernst!
Grundernst!
Und klug! —
Löse, löse Dein Haar!

Daß ich in seinem Rahmen
Dein vierzigjähriges Mädelgesicht sehe,
Mit seinen schwarzen, tief reifen Weibaugen,
Mit den feinen Fältchen;
Den Fältchen, die mein Herz schwellen machen,
Verrückt machen,
Vor Liebe.
O ernst! Grundernst!

O löse, löse, löse Dein Haar!

Puck, Ariel ist da!
Alle, alle, alle Märchen sind da!
Südmond und alle Märchen!...

Bei der Mutter

Du bist wieder bei der Mutter,
In der lieben, alten Stube
Mit den lieben, alten Möbeln.
Die Uhr tackt.
Ihr sitzt beieinander
Und schweigt nur . . .

Bei Lombroso

Wir alle hier am einem Draht,
Wir alle hier, und nach der Naht,
Das Lazarett, das Lararett!
Fürwahr! Und wahr! Das Lazarett! —

Ziehet, ziehet Schnur und Strich!

Ziehet, ziehet, zieht den - Strich!
Werde, bleibe, kläre Dich,
Seltsamer Strich!
O welch' Weichen!

Schon bricht, o näher! die alte Sonne hervor
Über neuen, über welchen Bereichen!
Brüder, Schwestern hinübergegangen, drüben!

Wir Brüder, Schwestern, bleibend, wirkend, hüben:
Wir sind die Gleichen.
Nun mögen b l ü h e n die Toten, die Leichen!

Das dunkle Gäßchen

Dunkelgelüftet, mit weiten Schritten
Wandr' ich dem dunklen Gäßchen zu,
Denn, wen ich liebe, das bist du,
Du, mit deinen frechen Augen...
Sommernacht nnd alle Sterne:

Schmeichelnd nah und doch so ferne! —
Das dunkle Gäßchen, in das ich gehe. —

Das dunkle Gäßchen, aus dem ich erstehe.
Das dunkle Gäßchen. —

Das einsame Haus

In die Nacht bin ich gegangen,
Weit ins Land hinein
Bis ins fremde. —
Die Sterne stehn schon hoch am Himmel.

Der kühle Nachtwind geht wie Stimmen.
Das Blachfeld dehnt sich in die Weite
In einem bleichen Schein. —
Da plötzlich ragt ein weißes Haus.

Zwei Säulen streben hoch empor.
Die edle Pforte, —

Die beiden hohen, ernsten Fenster,
So eigen dunkel. —
Zwei schwarze Pappeln

Wispern in der Stille,
Im Einsamen. —
Am Fenster

Glimmt ein Lämpchen. —
Bin so müde! Wär's für mich! —

Das Gedicht von den kleinen Sechsern

Ehmals, als ich noch ein Junge war,
Pflegte wohl mein Vater mich zu fragen,
Wenn ich meine Tag’ und Touren hatte
Und mit großem, tiefgesenkten Schädel
So des Abends mit ihm durch die Felder schritt:
“Junge, suchst Du w i e d e r kleine Sechser?”
Freilich sucht’ ich sie; und wenn er wüßte,

Was ich für ein Millionär geworden bin!
Zwar “d’r Gould” noch nicht, doch ganz anständig. —

Das Kinderland! —
Eine Frage lacht in die Menschen: Was könnte wohl
das Ziel all eurer Ziele, Bestrebungen und Absichten
sein? Und was sind alle diese Ziele, Bestrebungen
und Absichten? Worauf könnten wohl all eure Kulturen
noch abzielen?
Eisern, Rennen und Hasten der Zeit, Erfindungen und Fragen?

Prunken von Schlagwörtern, tönendes Gleißen und Prangen

von Meinungen?
Forderungen an die Zukunft?

Gepränge und Wichtigtuereien von Künsten und Wissenschaf-

ten?
Gesetze und Institutionen? Die unerhörten Errungenschaften

der Technik und menschlichen Betriebsamkeit:
Wessen könnten sie doch wohl ein Zeichen sein?
Hader mit dem, was ist; blutiger Hader der Meinungen

über ein kommendes und zu erwartendes Heil der Zukunft?
Ernst und Wichtigkeit öffentlicher Gebärden?

Ich lache und sage: Alles ist eins! - Und alles ist fertig und da!
Ein lumpenfreches Torenwort, das mit Cherubflügeln

über alle Abgründe der Welt rauscht: Alles ist eins! —

* * *

Denn ich gedenke und erinnere mich: was war und galt
denn da alles, als Einziges und Notwendiges
vollbracht werden sollte?
Die Schreier und Wortmacher auf dem Markt der Kultur

mit pathetischen Gebärden und blankgescheuerten Weisheiten,
ihre ganze Herrlichkeit und Wichtigkeit: lachend hab ich
ihr durch alle Lappen geguckt! Ich kenne ihre heimliche
Nacktheit!
Denn ich sah den Abgrund der Unruhe; denn ich sag in

da Werden der neuen Seele und sah die Unrast des Weibes,
das nach seiner Erlösung rief; denn ich sah die tiefe Tragik
ewig unabänderlicher Notwendigkeit und Gebundenheit; denn
ich
sah den heimlichen und ursprünglichen, den ewigen Kampf
zwischen
Mann und Weib.
Und hier, an diesem einen Punkt! da war es, wo doch euch

durch
alle Lappen geguckt,
Wo sich mir das tiefste aller Worte auftat, da einzige und
grundwahrste:
Alles ist eins! —

Mann und Weib: Die völlige Tragikomik ihrer Chronique scan-

daleuse
liegt weit aufgeschlagen vor mir.
Mein ganzes Weh und meine ganze zornigste, einzige,
höchste und letzte Fröhlichkeit lacht ihr nun bloß das
einzige und letzte Wort ihrer Grundweisheit nach:
Alles ist eins! —

Ich gedenke und erinnere mich: was war und galt denn

da alles, als ein Einziges und Notwendige vollbracht werden
sollte?
Da ein Mann sich finden sollte mit einem Weibe, dem

er seit Urbeginn verbunden war?
Was war da noch Frömmigkeit und Gotteslästerung?

Was war da Sitte und Religion? Was waren da
eure heiligsten Menschheitsgüter? Was war Liebe
und was alle eure tönenden Worte? - Hier
sollten sie erst ihren ganzen Wert bewähren!
Natur, Natur! Hier sah ich in deinen purpurnsten Strudel! —

Das Chaos dieses Kampfes habe ich gesehen, die tiefste,

dunkelste Tragik des ewigen Spieles!
Und nun hab ich das stillste, innerste und tiefste Lachen:

Alles ist eins! —

Denn diese beiden und ihr ewiger Zwiestreit: das war

alles und ist alles in allem!
Das war Leben und Tod, Auferstehen und Sterben; alle

Rätsel wühlten sich hier auf, knüpften und lösten sich
hier; hier war der Quell aller Offenbarungen!
Und hier tat dieses Wort seine tiefsten schalkhaftesten

Nachtaugen auf:
Alles ist eins! —

* * *

Und der Reue und die Reue: ich spüre sie beginnen
aus dem Stillen und Geheimen ihrer bedeutsamen

Kreise zu ziehen!
Das neue Werden hebt an uns der Stille!

Der Reue und die Reue: hier lichten sich Fernen der
Zukunft, hier öffnen sich Bahnen!
Und um sie gewahr' ich die Abschied nehmenden, gerüstet

mit diesem klirrenden Panzer:
Alles ist eins!

Sie, denen sich dieses Wort offenbarte! —

* * *

Dumm bin ich nun und habe alle Weisheit, lache in die
leuchtenden Wonnen eines neuen Frühlings!
Dumm bin ich nun und habe alle Weisheit: denn was

wäre, das ich nun nicht zu seinem Ende gebracht hätte?
Der Reue und die Reue haben mir ihr tiefstes Geheim —

nis offenbart.
Und sein Grausen ist ein Lachen geworden!

Über Schranken und Qual tanzt nun mein neues fröh —

liches, bejahendes Lachen!

* * *

Und ich sehe die Kinder und den neuen Garten!
Ich sehe ihre Spiele!

Engel und Teufel und alle Zeiten und Erkenntnisse,

was wäre, das sie nicht besäßen? Was gehörte ihnen
nicht zu freiem Spiel?
Sie, die schuldlosen Frevler! Denn wer möchte Kindern

zum Frevel rechnen, was den Erwachsenen billig zum
Frevel gerechnet wird?
Ich sehe die neuen, lachenden Spiele der Neuen und

Entrückten!
Ich sehe die neue Jugend und den neuen Anfang!

Das Kinderland!

* * *

Neu sich regender Wellenschlag des Werdendes und der
Zukünfte!
Erstes mystisches Regen aus der Stille!
Ein neues Ja jubelt dem Leben und der Welt!

Ich vernehm' es selbst aus dem Mund der Hinübergehenden!
Der neue Wille jauchzt sein neues Ja!
Das Kinderland!
Das erreichte Kinderland! —
Das Ziel! —

Das Lied vom Tode

Nacht und Meer!...
In den einsamen Schauern des Abends lieg' ich am
Strand, allein mit meiner geliebten, großen, zeugenden
Öde, allein mit der fahlen Stille.
Und der weiße Sand, aus dem falben Grauen der Däm —
merungen schimmernd; und das große, dunkle, einzige
Lied mit den weißen Armen seiner schluchzenden Sehn —
sucht, mit dem heimlichen Grollen seiner Brünste.
Und meine Seele ist dies bebend, zwitschernde Vogel —
stimmchen hinter mir.
Du armes, zitterndes Herzchen!
Und doch so frisch und mutig und seiner ewigen Schick —
sale sich bewusst, seiner unvergänglich ewigen Schicksale
sich bewusst...

* * *

Mutter Nacht!...
O singe, singe, singe! Singe mir alle deine Geheimnisse!
Diese leisen, wenigen Lichter auf dem dunklen Geflute!
Dieses Schimmern aus dem Schwarzen!
Die Lichter!
Diese wenigen blinkenden Lichter!...
Die Lichter und die verhauchende Seele!

Die Lichter und die letzte verhauchende Unrast dieses
großen, sterbenden Körpers!
Dieser ungeheure, fahle Körper!...

* * *

Und ich sehe einen Müden und Sterbenden: er verlangt
von mir eine Gewissheit und eine Zuversicht.
Was soll ich dir denn geben? Was soll ich dir geben
können, du, mit der letzten Gnade Begnadeter?
Ich habe nur das Leben, weiß nichts als das Leben!
Ich habe nur ein Lachen und ein Wissen: Licht ist Dunkel
und Dunkel Licht.
Und mitten bin ich in dem muntersten und einzigen Witz!
Zitternd bin ich im Bann eines alten, dunklen, einzigen
Scherzes! - Und lache, lache, lache. —
Und mein Lachen ist das tiefste Grauen.
Und mein Grauen ist meine Wonne.
Und mein Lachen ist meine Kraft.
Und mein Lachen ist alles, was ich habe.
Und ist nicht gegen das, was du schon siehst mit deinen
begnadeten Augen.

* * *

Nur ein einziges, dummes lumpenfreches Wort weiß ich:
Alles ist eins! —
Aber ich fühle seine Tiefen! - - - - —
Lache, lache, o lache!

Denn was du besitzen wirst und was du bist, hast du! —
Ich bin du.
Unser beider ist der einzige, sicherste Besitz:

Und wir sind dieser Besitz:
Dies Wort, dieser Besitz und dies Lachen:
"Alles ist eins!"...

* * *

Den Bleichen, Dunkeläugigen, Schlanken siehst du doch?
Merkst du nicht, wie er sich über uns beugt in diesem
dunklen, donnernden Grausen, in diesem Meergrausen;
So dunkel-licht, so schelmisch, so klug und gut?
Er ist unser Lachen, unser ganzes Lachen!
Er ist das ahnende Lachen unsrer schwindenden Atome!
O, nur einmal lachen wir so und dies Lachen der
Wende!...

* * *

In Gott!
Im Tod!
In der Wende!
Im schönsten und einzigen, im tiefsten Scherz!
Im letzten und besten!.....

* * *

    Ach, nun kenn' ich dich. - Du denkst noch an die Straße
und ihren sonnigen Frühlingssturm, die du einst
gewandert.
Ach, über dies tiefe, tiefe, tiefe Trennungsweh!
Aber denke doch, dass du ein Kind bist, dem man ein
Spielzeug vorenthält.
Wer könnte einem Kinde auf die Dauer etwas versagen?
Man hebt ihm seine Luft auf, dass sie ihm nicht gemein
werde.
Und im Grunde gibt es nur dies eine Spiel; der

Waltende muss sehen, wie er für das Kindlein damit
haushält.
Und alles ist eins.
Alles ist eins. —
Diese ganze Tiefe dieser fröhlichen, reichen Lumpenweisheit
ist unser! —
Fühlst, fühlst du sie?...

* * *

O, all die sonnige Fülle dieses Lichtes! —
Ein Sehfehler, dass du die Nacht schwarz schiltst, du,
mein Gebliebter! - - —

* * *

Singe, singe, Nacht!
Dein großes, dunkles, mütterliches Meerlied mit seinen
aufblinkenden Geheimnissen, die wir das liebe Blinzeln

eines Mutterauges sind!
Auf den Wogen,
Den Wellen,
Den schaukelnden Wogen...

* * *

Immer, immer das eine, hüpfende, blinkende Sternchen!
In alle Ewigkeit hinein wird es sein!
Die Seele! —
Unfassbar, immer entschlüpfend —
Und immer da!...
Sternchen! Sternchen!

Gleite, blinke, hüpfe und schlüpfe!
Was in aller Welt wäre ein besseres Spiel aus dies unser eines:
Meine Jagd nach dir?...
Sehnen ich, das besitzt!...

* * *

Sternchen blinkt.
Sternchen sinkt.
O, ist es dunkel! —
Eia!
Sternchen ist wieder da!...

* * *

Erstes Liedchen! Letztes Liedchen!
Kinderliedchen! —

* * *

O Nacht und Meer!
O lachendes Geheimnis, das sich selbst verrät mit sich selbst...

Das Mittlerwort

Aus Zwiegesichtes Qualwonnen
Hört' ich ihn sprechen;
Ihn,
Gott und Einheit,
Aus Gott.
Hört Ihn sprechen und sah Sein Licht
Und Seinen lachenden Troste.
Ihn, der das Kreuz trug,
Den Gekreuzigten,
Sah Ihn strahlen unter heiligem Kreisidol.
Sah das Licht, das Endlicht heil'gen Kreisidols,
Das lachende. O, hört es alle: das lachende, lachende!
Hörte es lachen,
Hörte Ihn sprechen dies:
Ihr bangt um Mich?
Zittert für die heiligen, ewigen Wahrheiten,
Die ich kündete aus dem Herzen des Vaters
Vor zweitausend Jahren?
Zittert für die Pfeiler der Ordnungen,
Die Ich setzte?
Zittert für die Ordnungen?
O fürchtet euch nicht!
Ich - Weichender,
Lasse euch ein langes, langes Abendrot
Und Seinen Frieden
Und aller Weisheit Einsicht,
Lachende, tragende Selbstsicherheit,
Identität!
Ich bin! Ichbleibe!
Verkünde euch Mein langes, langes Abendrot.
O nennt dies doch das lachende Reich!
O heißts doch die Erfüllung!
Nie hab' Ich getrogen
Nie trügt ewige Wahrheit!
Doch weiter rückt sie ihre Sphären!
Ich tröste, raste hier.
Doch schon wirk' Ich dort.
Abendrot wird erbleichen,
Nachtschatten werben steigen.
Doch aus Schatten der Nacht
Werdet ihr euch alle, alle, alle, alle drüben finden
In den neuen Sphären;
In der neuen Sonne!
Alle, alle ihr, meine ewig Lebendigen und Einen!
Meine Geliebten, mit denen die Kraft,
Mit denen Ich alles umfange!
Nur ihr, einzig und ewig ihr;
Doch mit euch alte, alle, alle, alle!
O Alle! —

Das Tannicht

Möchtegern und Kannnicht,
Gehen durch das dicke Tannicht.
Das Tannicht ist so duster;
Nimm sie Dir nicht zum Muster.

Das welke Sträußchen

Dein Sträußchen. —
Die Vergißmeinnicht
Um die dunkelglutrote Rose. —
Unten um die welken Stengel
Ist noch das hellrosa Seidenfädchen gewickelt.
Dein Sträußchen. —
Auf dem Herzen trug ich's,

Als ich dich küßte
Unter der Thür
Zum Abschied. —
Draußen stand der Wagen,

Die Pferde scharrten und schnaubten
Und ruckten an den Zügeln.
Dein Mann saß auf dem Bock,
Sah uns an,
Lächelte
Und klatschte mit der Peitsche, —
Der Freundschaftskuß. —

Die langen, öden, flackernden Vorstadtstraßen! — Die Winter-
straßen!
Einen Hag'ren, Dunklen Tiefäugigen seh ich.
Zitternd im schlechten Kleid drückt er sich durch das treibenbe
Gewühl,
Durch Frost und wirbelndes Flockenspiel,
Durch das Gewühl der Vorstadtstraßen, durch das Rauschen
und Brausen der Kraft.
Einen Hag'ren, Dunklen, Tiefäugigen, einen Suchenden seh
ich,
Durchschüttert vom Strom der Kraft,
Liebend beschleichend die Kraft! —
Und ich sah das werdende Wort!

Das Wort der Kraft!
Das neue Wort!

Das Wunderbare

Der alte Ibsen spricht in seinen Dramen so oft von dem Wun-
derbaren.
Was das nur sein soll?

Man wartet also wohl darauf?
Man wartet vielleicht sehr darauf?
Wenn es nun aber das
Monströse ist?
Nun, und wenn es überhaupt

Da wäre?
Habt ihr nicht jenen

Affen gewittert?
Wisst ihr nichts von jener entsetzlichen Theorieseuche?
Seht ihre denn nicht den Affen,

Der sich fühlt?
Der - versucht?
Sehr ihr nicht seine charmante Mechanik,
Jene Pyramide,
Die ihr Vertrauen setzt
Auf ein Sandkörnchen?
Jenes betreffende
Sonderbare Sandkörnchen?
Die Pyramide:

Nun, hier ist das Wunderbare!
Hier ist das Monströse!
Hier muss sich etwas entscheiden.

Dem Meerkaiser

Noch einmal bin ich unterwegs an Bord nach Nordland,
Noch einmal seh' ich auf weiter, freier, funkelnder Sommer-
bucht
Der glänzenden Regatta Start in Blau und Funkel
Des schönsten Julitages —
Darüber endlos die gigantisch stählerne Mauer

Des freien alten Ozeans.
Sie will genommen sein.

Was doch lockt hinter ihr?
O, und was treibt hinaus? Was treibt?
Ja dies: was treibt?
Welchen Ernst gewann und welche Tiefe

Das fröhliche Sportbild!
Hinter mir, noch einmal,

Das Dröhnen, Brausen, Donnern der Quais und Werste,
Die zahllosen gestreckten Riesenarme der Kräne,
Die raugeschwärzten endlosen Reviere der Mauernmassen,
Der Wald der Masten und der Schlote,
Tuten, Rauschen, Knarren, Brausen, Donnern, Pulsen;
Das Gedröhn der Hämmer
Auf den Stahlflanken der hochgetürmten Ozeankolosse;
Noch einmal, erhaben, dies Riesenbild des Hafens und der
Stadt,
Die er liebt, der Kaiser,
Der Meerkaiser.
Welche dunkle Willensbraue

Sinnt da am Rand des alten Ozeans?
Das Brausen, Sieden welcher Idee von Zukünften?
Der Liebhaber Nordlands und der Eddaberge,

Der weltfernen Nordlandfjords
Mit ihrer großen Einsamkeit,
Wo in Vorzeit weiße Lebensströme,
Erwähltes Volk, Germanen,
Urgeheiße erfrugen
Und südwärts strömten,
Frisch, barbarisch, hell
In lechzend harrende
Heiße schwüle Sonnenländer hinab;
Nordherab,
Aus der Urzeitwiege der Kulturen!
Ja, mir war: ich sah ihn da

An jenem blauen Sommertag,
Ihn, den rastlos unermüdlichen,

Der überall ist,
In diesem Adlerhelm,
In diesem funkelnden Küraß,
Von seinen beiden Standarten überrauscht,
In seiner Prachtliebe,
So bewusst und so
Bedeutungsvoll.
Dunkel heißt man's romantisch;
Ich aber heiß' es Bewusstheit,
Ich heiß' es sinnend Treue und
Bedeutung.
Welcher Glanz da auf dem Gipfel des Reiches?

Auf dem Thron der schlichten Zollern?
Begriff: Kaiser!
Wie sinnvoll gewahrt!
Sinntiefes Recht
Frei betont, e i g e n !
Und ich war, ich hörte

Durch Braus und Schaum und Glanz und Dröhnen,
Durch Pracht und Jubel des fröhlichen Sommervormittags
Auf freie Meerweite hinaus
Seinen frischen Ruf:
Hurrah! Hurrah! Hurrah!
Ja! Doch: in Seinem Sinn,

Sinn, der mein Herz erglühen macht,
Der ich den Ozean liebe, die Anfänge
Und das Weitere:
Hipp, hipp Hurrah!
Hipp hipp Hurrah!

Welch' n e u e r Reichsruf!
Welch' Anheben und welche Zukünfte!
Welche Ziele!
Und dies erst: S e i n Ruf!
Dieses kaiserliche Rätsel da oben,

Das heute den Philistern zusetzt,
Mit seinen Standarten,
Seinem Adlerhelm und Küraß,
Mit seinem flotten Reiterschnurrbart,
Der Kaiser mit dem Wort vom Verkehr:
Hoch! und hipp hipp Hurrah!
Du: notwendig beharrlich, treu auf Deinem Grund,

Von Deinem Grund
Vorwärts, über Meere doch gewandt den Blick:
Ja, ich weiß! in Deiner Seele horstet der Gedanke,
Das über weiten freien Ozean
In Kolonie'n die nicht bloß so für Krämer taugen,

Die Zukunft eine große Menschheitsfrage lösen will!
Heil solchem ersten und jüngsten großen Zollerngedanken!

Über dunkelbrausendes Gewühl
Festländisch sich bereitender Vollendungen hinweg:
Heil ihm! Heil!
Ihm des R e i c h e s Kaiser!

Der alte, dumme, dunkle Rauschewald

Der alte, dumme, dunkle Rauschewald
Mit seinen ewigen Weisheiten und Irrungen! —
Kommst du immer noch nicht über die grüne Wiese gesprun-
gen,
Du Fliehende,
Du meine goldene, lachende Thorheit,

Du dunkel Ziehende?
O komme bald!...

Der Armeleut-Kinder Loblied auf den Winter

(Nach dem Holländischen von Gerrit Snaar.)

Der kalte Winter kommt nun wieder —
Hurra!
Schnee fegt in mächtigen Massen nieder —
Hurra!
Da singen wir, jung und alt, froh und getrost,
Wie lustig der prächtige Ostwind tost.
Hurra! Hurra! Hurra!
Gar flink und behend macht Frost uns und Glätte —

Hurra!
Und, ja! — wenn Vater nur Arbeit hätte! —
Hurra!
Die Nahrung verteuert sich immer mehr,
Und das stärkt den Appetit so sehr! —
Hurra! Hurra! Hurra!
Ja, vollauf stecken wir in der Not! —

Hurra!
Das Schwesterchen liegt auf den Tod —
Hurra!
Das giebt dann ein Mäulchen weniger.
O gepriesen seist du, gütiger Herrl —
Hurra! Hurra! Hurra!
Wie träumt man dann von Überfluß —

Hurra!
Wenn man den Winter so durchhungern muß —
Hurra!
Wie köstliche Träume zur Nacht mir dann nahn,
Von Kringelkuchen und Marzipan —
Hurra! Hurra! Hurra!
Wie blickt der Vater trüb und kraus! —

Hurra!
Mutter weint sich die Augen noch aus. —
Hurra!
Zitternd so sitzen, jeden Hellers bar,
Und die Frostblumen schaun so kalt und klar!
Hurra! Hurra! Hurra!
Wie bin ich so niedlich in mein klein' Schuh'n! —

Hurra!
Kein Schuster kann da nix dran thun —
Hurra!
Keine Winterjacke hab' ich nicht an,
Die hängt schon längst bei „Onkel Jan" —
Hurra! Hurra! Hurra!
Sankt Niklas kommt nun auch bald wieder —

Hurra!
In den Schaufenstern geht's dann so auf uns nieder —
Hurra!
Und kommt er auch nicht in unser Quartier:
Von weitem das Anschaun macht auch Pläsier. —
Hurra! Hurra! Hurra!
Aber, Trost! im Winter wie viel auch Not —

Hurra!
Der Frühling bringt alles wieder ins Lot
Hurra!
Jawohl! Wer uns solchen Trost gegeben,
Soll selbst fortan im Elend leben!
Hurra! Hurra! Hurra!

Der Bann des Lebens

Die lange, lange Nacht!
Und kein Schlummer....
Takt die alte Uhr so dumpf durchs Haus:

Ewigkeit und Ewigkeit...
Vielleicht frißt nun dieser Graus mein Hirn,
Und alles hört auf. —
O alles! alles! alles!
Immer! Für immer!...
Aber gleich

Singt der Mond ein Zauberlied
Von schlummernden Sonnenländern,
Von Lenz und Fliederbüschen,
Und Nachtigallen...

Der Buchenhang

Ich gehe einen lieben Gang
Hinab den alten Buchenhang.
Gehe einen lieben Gang.
Der Stunde ewig denkt mein Sinn,

Da ich mit dir gegangen bin
Hinab den alten Buchenhang.
Da ich mit dir gegangen bin

Mit leichtem Schritt uns hellem Sinn
Hinab zum Fluß im Grund.
Die Welle sang durchs stille Thal

Ihr dunkles Lied Sonnenstrahl;
Dort schwuren wir den Schwur. —
Im stillen, tiefen Grund beim Fluß. —

Wie alles so vergehen muß!
Du goldner Schwur!...

Den großen, goldnen Sonnenvogel will ich fliegen hören, den
Cherub;
Den hieb- und stichfest runden Helden Gottes.
O, wenn jene seltsamen großen Begeisterungen unter die Men-

schen treten,
Die großen, heiligen Torheiten!
Wenn sich die Todesscharen der Unsterblichen rüsten,
Trunken von ew'gem Wissen und Geheimnis;
Dann schließ' ich, Getragener, fromm die Augen,
Vernünft'ger ich, bestimmt zu schaudernd sel'gem Schaun und
Lauschen,
Nicht zu sehn, was nicht frommt, und einzig Wahres,
Nur das Ganze, Eine.
O, wenn er anhebt!

Wenn er einwärts Seine heil'gen, eis'gen, diamantnen Schwin-
gen breitet!
Polauswärts!
Ja, so stieg er!
O, der Gesang, das Klirren Seines heißen Gürtelringes!

Seine glühende, wimmelnde Hitze dort!
Schöpfergluten! Da, wo das Wort glühte! Das Wort! Das Wort!
Urmütterlicher Ruf: Exzelsior! Hinauf! Hinauf!
Pulsen des Fluges!

Sein wildes, pochendes, wieder freudiges Heldenherz!
Sein sonnenheißes, unerschrocken gegen sich selbst!
Immer wilder gepreßt; fiebernder, brausender!
Tätige, siedende, immer heißere Kraft!
Wirbelnde, siedende Spannkräfte!
Trance! Trance!
Sein großes, wildes Hosiannan!
O sieh! Ich fiebre ganz! Ich fiebre! Glühe! Glühe!

O alle Seine Himmelhöllen!
Er steigt! Er steigt! Er steigt!

Seine weißen eis'gen Schwingen kommen, breiten sich wieder!
Pressen enger, enger, immer wilder, banger sehnender!
Was rauscht, saust, klirrt, triangelt, donnert?
Welche Sphärenchöre?
Was heult, dröhnt, stöhnt, graust?
Welche Posaunen?
Welche süßen, großen dithyrambischen Melodien, nie gehörte?
O halte, bewahre diesen Ton!
Du zuckst? Welche seltsame Sympathie hat Dich getroffen?
Welche Wahl?
Im Vorbei?

O das Klirren und Krachen welcher Schwingenkiele?

Was für ein Akkord?
Ist das mordender Aufruhr von Nationen?
Ist das Brüllen von Scharen?
Sind das sturmgetragene, harstzersetzte Standarten, was da
saust?
Ist dies das Sieden und Rauschen ergossener Blutströme?
Ist dies der Fluch und das Wimmern von verzweifelndem
Elend?
Gestörter Idyllen?
Was wir hier verflucht? Welcher Fluch wird ausgesprochen?
Welche Frommen sind hier gestört?
Was wandelte sich da?

Was durchzuckte mich?
Was änderte sich blitzschnell?
Wurde da etwas fest?
Was, was, was alles aufwärts gerissen!

Aufwärts! Aufwärts! Aufwärts!
Welche Farben wehen?

Waren sie je vordem genannt?
Welche Sonne flittert?
Was sie je vordem gekannt?
Ist dies Ahnen?
Leuchtet da für einen Augenblick,
Will Geist jubeln, Seele?
Welche Ätherströme scheinen da frischend heimzuwittern?
Flug! Flug! Flug!

Er steigt! Steigt!
Dies ist sein heil'ges Steigen! Wieder!

Und noch niemals brauste er so hinan! —
Dann aber wird Er still in welchem neuen Äther schweben?

Und sogleich wieder die neue Weise,

Und das neue Hirtenliedchen.
Das dudelnde Liedchen der Beiden.
Der Beiden.
Er aber ruht

Und ist traurig unter ihnen,
Die Er trägt,
Die Ihn treiben.
Immer ist Sein Flug

Seine Seligkeit...

Der Dichter

Aus dem Ungefähren
Muß alles sich gebären.
Mütterworte raunen,
Und ich hieß es Launen.

* * *

Er, der alles weiß und lenkt;
Gottvater, der seine Angel senkt,
Welten zu heben:
Selbst Ihn seh' ich beben
In solch' heiligem Zeitvertreib
Seiner großen Ewigkeit.
Tiefen, Tiefen, die Ihm noch
Geben!....

* * *

O mein Fluch und mein Heil
An solcher hohen Heldenlust
Zu haben Theil!

Der einsame Pfeifer

Ich kam zu einer Wiese
Im roten Abendschein.
Da tankten ihrer Zweie,
Doch Einer saß allein.
Ein dunkler Hagrer saß im Gras,
Der pfiff den Zwei'n
So sonderlichen Tanztakt. —
er pfiff für sich,
Sie tanzten für sich,
Aber die Weise war dreien gemein;
Solang so voll Zorn und Sehnsucht
Ins ferne Abendrot hinein. —

Der graue Tag

Wie so viel Freude in der Welt!
Wie so viel Sonne über den Blumen!
Aber alles grau am grauen Tag. —
Freude schneidet Grimassen,
Sonne flicht über den Blumen,
Und — grau der graue Tag. —

Der Hammelsprung

Symbol befragend, Mathematik, so Leid wie Leidestheorie,
Lach' ich, wie alles, alels, alles lacht,
Sehe und sage: Das Schlimmste nun, bei Licht besehn,
Am Ende, is der kleine, große Hammelsprung;
Und der - ich hab' ihn mir wohl x mal angesehn,
Und manches, manches auch gehört von ihm —
Der soll ja wohl der aufgesparte, letzte,
Fetteste Happen sein. —

Der Prestigigateur

So ein Jongleur soll noch gefunden werden,
Mit denen bunten Bällen in den Sonnen!
In japanischen Lackfarben ohn' Beschwerden
Hab' ich den ersten Preis gewinnen.
Lacklackler mir ist "Lack" ein Lieblingswort nicht grundlos;
Auch mag ich "Dick" sehr gern und bin das Gegenteil von
mundlos.
In Silberstechen, Wortschluff und in Ziselieren,
Wer möchte mit mir darin konkurrieren?
Die Muse Schäferin zwar, Horreur! Malheur!
Ist mir gelegentlich ins Sauerkraut gefallen;
Mal was passier'n indessen kann uns allen;
Zudem, ganz amüsant wohl ist tel un petit erreur! —
Mein Weißbierstrippenhandel gut gedeiht,

Budiker von der Ecke könnte neid-entbrennen;
Man sieht, ich passe in die Zeit,
Man könnte mich vielleicht des Zeitlaufs Primus nennen.
Man hatt' es zwar bisher noch nicht getan;

Das hatte ich etwas verbittert;
Indeß, man kommt ja nachgrad aus dem Tran,
Mir ist, ich habe mich - emporgekommandittert.
Man könnte mich des Zeitlaufs Primus nennen,

Mich Hahn- und Mann mannideal modernster Überhennen;
Hüpf' ich auf einem Bein und wackle mit der Stange,
Messieurs schrein Bravo! Mademoiselles wird bange.
Mein Hirn zwar rutschte mir ins Eingeweide,

Dahin wo, wie ich bei den Alten las,
Vordem mal so was wie die - Seele saß,
Gehirn und Seele modernst vertauscht nun beide;
Oder irgendwo ein Vakuum?
Kurzum!
Ich paß ins Säkulum.
Seele! Ja, solchen Ballast muss man erst verlieren:

Welch' tiefe Künste kann man dann effektuieren!
Lanzieren! Blamieren! Suggerieren!
Engel lassen spazieren,
In literarischen und sonst'gen Revieren!
Wem sie begegnen,
Der kann sich segnen! —

Der Schlemmer und ich

Wir sind beide sehr beim Nachtisch,
Lange, lange übern Fisch,
Der Schlemmer und ich.
Nicht mehr grade besonders frisch.
Proben miteinander fleißig,
Benediktiner, Chartreuse, was weiß ich?
Und rauchen unsre Importe,
Und machen weiter keine Worte.
Ich und Er.

Ja, fanden uns mal eben so zusammen.
Ganz allein. Wir zwei. Sonst keiner mehr.
Nun, glühn beide von gleichen Weinesflammen,
Er nur was mehr.
Da sitzt er vor mir mit gestütztem, dickem rotem Kopf;

Das Auge so seltsam von der Faust verschoben,
Die Zigarre zwischen den Fingern gehoben.
Seine Äuglein blicken so trüb daher,

So merkwürdig gut, zynisch, fast verschämt
Unter dem sehr mangelndem Schopf.
Wird mir mit ein'mal so lieb und dumm;

Denke an sein Hypochondrium.

Der schwarze Ritter

Einen Tag müssen wir noch gehn,
Dann wird es Abend werden,
Und dann werden wir die stille Wiese sehn,
Im Wald tief zwischen den alten Eichen.
Seltsame Gebilde drüber prangen,

Und ganz werden wir in der Irre sein.
Aber wolle Dich nicht bangen:
Denn bald sind wir zu Drei'n.
Es kommt der schwarze Ritter gegangen
Mit seiner Silberfiedel,
Und tut den Bogen streichen;
Spielt ein süßes, altes Zauberliedel,
Das läßt uns alles, alles sehn,
Danach unsre irren Wünsche gehn.
Und wir wollten so recht verstehn,
Daß wir uns ewig Heimat sind.

Der Ton

Ein leiser Dämmer noch,
Eine Helle,
Drüben über der schwarzen Eichenwand.
Über das fahldunkelnde Flache,

Weit über Gräser her
Und stillblinkende Kolke
Hebt sich ein Ton. —
Ein Ton. —
Und trübe lausch' ich.
Einen todwunden Titan hör' ich.
So süß-schaurig tönt noch sein Lallen
Vom Sein und unvollbracht Gewollten...

Der Traum der Aufwartfrau

Was meine Aufwartfrau, die Lehmann's ist,
Die trägt zugleich frühmorgens Semmeln aus,
Und hat nun schon sechsmal denselben Traum gehabt,
Irr ich mich nicht, in nicht ganz vierzehn Tagen.
Im Zwielicht trägt sie ihre Semmeln aus,

Von Haus zu Haus, die Straße immerzu;
Und, ach! Die Straße will kein Ende nehmen.
Schon der Lehmann's ganz verzagt und bang,
Da kommt sie vor ein großes, dunkles Haus.
Recht eingerußt siehts, feierlich, indeß gemütlich aus.
Ein Schmiedefeuer glüht und wärmt aus einem Tor,
Und Schmiedehämmer klingen; und sie sieht,
Hier wird etwas geschmiedet; weiß der Kuckuck, was?
Und diese Schmiede ist ein Durchgang. Sie muss durch;
Und dann ist sie in einem Sackgässlein.
Und da ist immer wieder der kleine Laden,
In dem die schönen, großen Leberwürste hängen,
Durch die auch muss; doch sie wagt es nicht.
Die Leberwürste: sie ist so bescheiden. —
Sie zögert. Doch dann kommt, und stets dieselben

Dieselbe hübsche, sonderbare, saubre
Und liebe gute Frau und lässt sie durch.
Ja, und dann ist sie in einer ihr bekannten Straße.
Da ist die Trambahn, und ein Ritzenschieber,
Und der gefällt ihr so. - Der Traum ist aus.
Sie hat ihn nun bereits sechsmal geträumt;

Da wird er wohl was zu bedeuten haben. —

Die Alte

Ich sitze bieder
Mit meiner langen Pfeife in der Sonne unterm Flieder.
Heute blüht er noch, morgen wird er welken,
Mit Rosen, Lilien und Nelken.
Sitze so da, indes die Gören
Sich die Deklinationen überhören
Summen mir im Kopfe allerlei Sorgen
Von gestern über heute von wegen morgen.
„Ich, du, er, sie, es;
Dem und den, und der und des.”
Und da hör’ ich den Spruch der Grauen, Alten:

„Das ist die Dreizahl, die kleine.
Außer ihr ist keine,
Und nichts als ihr Mehrzahl-Entfalten.
Durch sie muß aller Wechsel gelten.
Sie ist alle Normen
Und alle Formen.
In ihr muß alles bestehn und wieder erstehen.”
Letzter Weltenblick,

Und aller Welten Tiefengeschick. —
Gott ja, da wär’ ja wohl eigentlich alles gut?...

Ja, auch ich,
Auch ich habs gewagt.
Und Du, mein ruchlos frevlerisches und vermessnes Hirn,
Auge Du und klug geschärfte Gier
Ewig glühender Herzensbrüste!
O Leim! Fangruthe, Teufelei von Zeiten und von Räumen!

Und Zeiten, Zeiten, Zeiten!

Und Räume, Räume, Räume!
Und Himmel, Himmel, Himmel!
Welten, Welten und Welten!
Immer doch der Punkt, der Punkt!

Dies Fühlen!
Ja, Du sahst, mein Auge! Fühltest!

Verwegnes Auge, Du erblicktest!
Und alles zusammen

In die großen, schwarzen, straffen
Dunkelsausenden Stürme?
Wollten sie schon starren?

Nahte Ewigkeit?
Aber diese Weisheit bestand:

Doch muss es immer wieder aufbrechen,
Aufbrechen in die eine weiße, spielende Weltenrose,
Das alte schwarze straffe Grausen.
Und immer muss die alte Unbegreiflichkeit
Ihre eine lichte Sonnenblüte spreiten.
Herz, altes Herz!

Und Hirn, mein Hirn!
Und ihr seid noch beisammen?
Ja! Und Nichts war gefehlt.

Und ihr war't wohl geleitet.
Ihr dunkelsicheren Wollungen!

Mannbildende, wilde, alte Scherzerin!
Prüferin Deiner Frommen! Nacht!
Ja! Und hast's gewagt! Und Tag und Ordnung!

Und immer der neue Reigentanz,
Der alte sichre Reigentanz
Ewig fest bemessener
Jungfräulicher Idole.
Und immer, immer

Die unverbrüchlich sichre alte Wirklichkeit.
Und immer die befreite Königin. —

Die blaue Fliege

Kam eine blaue Fliege geflogen
Sorglos durch den Sonnenschein
Mitten ins alte, graue Spinnennetz hinein.
Kam die alte, dicke Spinne gezogen
Mit ihrem langen, dünnen Spinnenbein.
Wollte der armen Fliege ans Leben,
Hast du ihr die Freiheit gegeben...

Die Blonde

Wenn der Thau sinkt
Und im blassen Himmelsraume
Überm blauen Waldessaume
Hoch der Stern der Liebe blinkt
Sitz ich still alleine.
Kommt die liebe, blonde Kleine
Durch die Abenddämmerungen
In ihrem lichten Kleide
Über die braune Haide.

Die brave Rute

Auf dem Christmarkt sah ich die Rute,
Daß Gott erbarm'!
Sie Mutter, die Gute,
Hielt sie unterm Arm.
Um sie, mit Ehrfurchtsblicken
Standen die Kleinen
Und wollten weinen.
Aber, Entzücken!
Die Sache wollte für diesmal gehn. —
Die Rute, die ließ sich nämlich drehn,
Und zum Schmaus
Sandte die Mutter Bonbons heraus...

Die Eine

Heilige Nacht der ungestümen Hoffnungen!
O du, du! — Ich komme! Ich will! — Zu dir, der
Letzten und wirklich Einen! —
Horch, wie die dunklen Gärten brausen!

Ich lache vor Jubel, seligster Gewissheiten trunken!
Ich komme! Ich komme! .
Horch, wie die lauen Äquinoktien in den hohen Eschen dröh-

nen!
Spüre diese süßen Hyazinthendüfte durch die zwielicht —
Witternde Welt!
O meine Seele erschauert in dir! In dir! —
Was gibt es in der Welt, als diese seligste Mytsterium,

dass ich dich in meinen Armen halte und küsse, küsse,
küsse?!
Was ist die Welt als dieses Mysterium?
O ich komme! —
Ich will sagen, ich taumele zu dir als ein Wanderer, der

Alles durchmaß.
Ich will sagen, wie man ein Märchen erzählt, will ich

Sagen: ich komme von einem dunklen Tor. Da war
Einer, an den ich die letzte, kühnste und furchtbarste
Frage tat, die Frage der Entscheidung.
Und mein dunkler Wille außer mir schrie in der wildesten,

grausigsten der Nächte und seine Stimme war wie ein Blitz:
Leben ist des Lebens Sinn! Das ist die Antwort des Todes! —
Zurück oder schreite hindurch, öffne! Es ist das Gleiche! —
Das Gleiche! - —
Nun lach' ich nur immer in einem neuen und eigenen

Wahnsinn; mit dem komm' ich zu dir, taumelnd,
trunken und doch ein neu Gefestigter! — Zu dir!
O zu dir! —
So will ich dich umarmen und aus dieser Umarmung soll

Unsere neue Welt werden; denn von tiefster Bedeutung
Wird diese schlichte Einigung zweier Liebenden sein! —
Denn sieh, Er ist nun nicht mehr zwischen uns. Er, der

Blutende mit dem düstern Wort vom Tode, das so
Dunkel bannte, der Tod, der Tote! —
Wir werden nun leben! Leben! —
Ich komme! —

* * *

Ich sehe dich! — Meine Sehnsucht sieht dich! —
Wie bist du nur, du Dame? — Wie bist du nur, du schlichte,
braune Dame? —
Ich sehe dich eine Zigarette rauchen! Ich sehe diese männ-
lich —
Energische Bewegung deines Armes, diese Geste deines festen
Händchens;
Ich sehe dieses kühne Leuchten deiner schwarzen Augen.
Und ich lächle; lächeln muss ich wie über mich selbst in dir.

Wie hieß das Wort? Man wird die Männin heißen,
darum, dass du vom Manne genommen bist. —
Aber nun trifft dich mein Lächeln.

O, wie du errötest, du Frau! Du Weib!
Wie deine Bewegungen weich werden und sanft! Und
Diese plötzliche, milde, tiefinnige Glut deines feuchten Auges!
Wie du nun an meiner Brust ruhst, du Weiche, Milde,

Zage, du Süße! Und mein Körper sich strafft in Mannheit!
O du Weib! Du Frau!
Wie du nun in deiner ganzen heiligsten Glorie bist,
heiliger, würdiger, wirklicher als es je die Glorie einer Madonna
war! —

* * *

Gedanken, Not, Leid, Tod: alles, alles ertrunken in dieser
Unermesslichen Einigung zeugenden Lebens! ...

* * *

O, müde vor Wonne ruht nun mein Kopf in deinem
Schoß, in trunkener Müdigkeit in deinem Schoß; ein
Müder Simson ich zu deinen Füßen!
Und du lächelst und deine weißen Finger spielen mit

Meinem Haar!
Du lächelst dein ewiges Siegerlächeln!
Dies schönste Sonnenlächeln!
Wie ein Licht ist es über der Welt und wird noch
Tausend und tausend Wonnen einer erneueten Menschheit ent-
fachen;
Dies Lächeln einer heimlichsten Liebesstunde! —

* * *

Wie bist du nur?
Ich staune und kann nur immer staunen!
Du hast wohl deinen Namen, bist rangiert, von vornehmer
Herkunft und guter Erziehung:
Sieh, das hab ich alles vergessen. Ich sehe dich nur in
der ganzen Würde deiner enthüllten Nacktheit, und
wenn ich dich nennen soll, will ich dich mystisch die
Eine nennen, in der Andacht meiner trunkenen staunen —
den Sinne die Eine. —

Was sind das nun alles für Wesen um uns herum?

Ich sehe sie und dich und nenne dich die Lebendige und
Mein süßestes Rätsel.
Ich stehe bei dir, Hand in Hand, Auge in Auge stehen wir bei-
einander:
Woher nun der selige Rausch dieser Freude um uns her
Und all die Sonne dieses Lebens?

* * *

Kein, kein Geheimnis zwischen dir und mir! —
Wie ich jedes Ärderchen deines Leibes kenne und zähle,
Seh und weiß ich deine Seele und du die meine, bin
Ich vertraut mit all deinen süßen und trüben Heimlichkeiten.
Kein Geheimnis zwischen dir und mir: unsagbar süßteste Won-
ne!
Unzerreißbar heiligste Verknüpfung! —

* * *

Ich fühle, ich habe meinen letzten Gang getan, damit
Unser Haus bestellt und festgegründet sei, und ich komme.
Gegen Tod und Teufel und die Unrast der Erkenntnisse
Seit Urbeginn hab ich meinen letzten und siegreichen
Gang getan und kommt als ein Fertiger.
Müd' komm' ich und doch stark, mit dir die süßeste Notwen-
digkeit zu vollbringen.
Sieh, und ich habe nichts zu sagen, als das kleine, müde,

stolze Wörtlein: Alles ist nichts! — Zünde die Herd —
flamme an, eine neue Herdflamme! Unsre! —

* * *

Sieh, alle Götzen und Großen der Menschheit, all ihren
Stolz, das Prunken der Kulturen und Erkenntnisse,
die tausend und tausend Errungenschaften des Geistes:
wir wollen's damit gut sein lassen.
Lächelnd wollen wir nur ein Urmärchen gelten lassen als

Ein tiefstes und sinnreichstes Symbol und meine
Erneute Eva will ich dich nennen und über alles setzen
Die Würde der Einigung von Mann und Weib! —
Und so kommt ich nun, ein hohes Lied auf den Lippen,

wie noch nie eines gesungen wurde, und doch das Eine,
Gleiche und einzig Mögliche! —

* * *

Durch diese Frühjahrsstürme seh ich mich auf der letzten
Wanderung zu dir, und meine trunkenen Sinne bringen dir die
Holden Wunder unseres neu erneueten Weltgartens, die doch
nur das Unbeschreibliche dieser unserer Einigung sind.
All die fröhlichen Gesichte unserer Hoffnung, die fröhlich —

Fromme Gewissheit. Dass für uns gesorgt ist!

Denn sieh, liebes Herz! Die Obstbäume dieses Weges,

durch die die frischen Stürme brausen, werden Früchte
tragen, und diese Feldbreiten leuchten durch das sonndurch-
wirkte
Grau dieses Frühlingstages mit ihrem ersten, grünen Schim-
mer;
So zart er ist, er wird ein Meer goldener Ährenwogen sein.
Dies flatternde Lerchenlied über den braunen Gelände

Schließ ich dir in mein Herz und will es dir bringen
Und es wird mitten in der Wonne einer vertrauten Stunde sein.
Ein neuer Wille hat die toten Erscheinungen nur zu

Eiener neuen Einheit verknüpft; und wir in ihr mit
Unserem stillen, heimlich-frommen Herrngefühl. —

* * *

Ich sehe das Ziel! Ich und du, ein kleines Haus im
Frieden fruchtbaren Geländes: sieh, das ist alles!
Der ewig feste Sinn im Sinnlosen. —
Der gelbe Tag ringt sich durchs Grau.
Durch diesen frischen Sturm will ich zu dir wandern,
dass du mir die stille, fromme Flamme zündest, die
Herdflamme, die neue, unsre! —
Die stille, fromme Flamme! —

Die Erkenntnis

Schon reichest Du mir Deine Hand,
Und wir setzten einen Fuß in neues Land.
Dem Garten mit seinen Lockungen und Täuschungen:

Wir haben uns ihm entrungen;
Den schwülen Sonnen, Monden und eitlen Blüten,
Den dunklen Wonnen, die uns dort durchglühten;
Den Begriffen, die dort umgehn
Und so zwiespältige Schlingen drehn,
Die nur entzweien,
Uns! ! —
Vertrieben wie von Cherubs Flammenschwert,

Verstehen wir, was wir begehrt,
In brachen Breiten
In neuen dunklen öden Endlosigkeiten,
Doch weit und klar;
Und sind uns offenbar,
Und so der Minne wie der Sehnsucht los und bar.
Zweieinige Notwendigkeit

In bänglichster Bedrängtheit
Sieht sich allein in Einsamkeit und Ewigkeit.
Doch still, die Du mein eigen ganz!

O still, der ich Dein eigen ganz!
Ja, wir sind neu und sind erwählt;
Sind durch ew'ger Güte Vorbedacht
Mit Wissen und Kraft gestählt.
Allein! Allein!
Wir haben dies mit Gott gemein!
Gottes Not selbst In Deinem Blick!

Gottes Not selbst In meinem Blick!
Gottes Kraft und Wissen!
Wir sind die, die zeugen müssen! —
O, und schon haben wir uns gefunden!

Schon lacht die Öde, schon lacht das Grauen!
Wir, die wir von Gott sidn und immer mit Gott,
Schon fühlen wir uns gebunden, gefunden;
Gott will bauen!...

Die hohe Mauer

Die hohe, hohe Mauer
Mit ihren ernsten Urnen oben! —
Weinranken hängen überrand:
Die rascheln im Winde,
Die glänzen im Sonnenschein,
Die triefen im Regen,
Sind grün im Sommer
Und rot im Herbst.
Ich kenne jeden Stein. —
Denn immer geht mein Sehnen dort
Und lauscht, wie fern im Stillen
Die hohen Wipfel raunen. —

Die Kerze

Du liegst in Deines Alltags Nacht.
Du liegst in Ruh; es ist ein krauser Tag vollbracht.
Die Nacht: Du fühlst sie groß, so feierlich, so einheitsklar,
So mürbend wirr der Tag nun war.
Nur die Kerze, stet und rein;

In den süßen, tiefen, lauschend großen Schatten,
Und die Kerze und der stille Schein,
Und das Lied, der Sinn der Gatten.
Du blickst und siehst den Kerzendocht.

Steil, mit kräftig vorgerecktem Kopf der Docht.
Dunkel, substanziell, so wirklich ganz,
Mit des rosenfarbnen, munter glühenden Krönlein Glanz.
Darunter so viel gute, weiße, feste Nahrung.
Drängende Nahrung;
Von unten drängende Nahrung.
Doch die Offenbarung!

Die Flamme! Doch oben! Flamme!
Alles ist die Flamme! Alles oben!
Klar, licht, golden, so unirdisch ganz!
Werk-Wirkung, Erstrebtes, Klärung,
Sehen, Alles, Sinn und Kranz.
Nie vergiß dies Meinen!

So bist Du mit Unten und Oben im Reinen. —

Die Königin

Du schönste Dame, dieses Wunder; die Göttin und die Königin:
Caprice nenn' ich sie, Caprice.
Ja, ich habe sie gesehn; habe ihr gedient und habe mich vermessen,
Habe zu ihren Füßen gesessen.
Was lockte, rief und blinkte, winkte nur?

Ja, doch ich müsste Dich zu Deinem Willen zwingen.

Und Du müsstest mit mir in diesem Schatten gehn,
Müsstest mit mir in Seinem Schatten gehn.
Müsstest zittern - und müsstest glücklich sein.
Und müsstest still und müsstest eine neue Mutter sein.
Ein Sinnen überkam mich da:

Was doch ist Mannesglück- und Werk?
Bei ihr. In jenen Lauschestunden,
In jenen Sinnestunden da zu ihren Füßen,
Da ich lernte.
Leise, leise wehte ein Vorhang.

Und ein Stern!
Ein ferner bunter lachender, ganz neuer Stern.
Doch, ach!

Wir blieben da im Dunkel...

Die Mandolinen girren

Die Mandolinen girren,
Und wir singen itali[cni]sche Lieder.
Unsre Zwitscherseelchen,
Unsre lachenden Herzchen
Brennen immer gleich in Liebe,
Brennen, brennen, verlodern in Liebe.
Schmetterlingstod! —
Lachendes Völkchen wir,
Arielgenossen,
Die wir hold,
Satzungen-entbunden,
Immer im Blauen wohnen.
Sommernacht.

Die Weiten. Die dunklen Bergwäler, die sich dehnen.
Sternenentfacht,
Über den bleichen,
Ahnungsvollen Felderbereichen.
Gartenblick der Nähe.

O welches Rauschen und Raunen!
Weitblick,
Und Nähe, nachtigall-beseelt!
O schwelle, schwelle, schwelle so, mein Herz!

Mehr! Mehr!
Von solchen herzbrausenden lauschenden Ahnungen.
Nun naht die süßeste Muse,

Mit jenen - nievergessenen Liedern. —

Die Schaumkrautwiese

Müd' komm' ich und spiellustig von zwölf Arbeiten zu
  den Nymphen, zu der Schaumkrautwiese!
Hei! Ah! In der weißen Schaumkrautwiese! —
Kränze, ihr Nymphen! Schaumkraut-, weiße Schaumkraut —

  kränze, aber goldknöpfige Sternstrahlblumen hinein!
Hei! Ah! und nun schlingt, schlingt den Rhein!
Dickbäuchiger Silen, lächelnder, rosenbekränzter, epheu —
  geschmückter, träumerischer, aus deinem Schlauch
  schenk ein!
Rotroten Wein!
Braunes Faunvolk ist da, hüpft und hopft, bläst Syrinx,
  Flöt' und Schalmei'n!
Und Liebe, Liebe, Liebe!

Dunkellust, wilder, heiß drängender Funkelstrom, Glut —
  strom.
Verwegenste Liebe! —
Sistrengeklirr, lichtre durch schaumlose Lieder,

Hei! Ah! Nackeste Lieder! —
Wildwilde, weißbusige Wonne!

Rosenlichte Leiber in hellster Sonne!
Silberlachen! Silberlachen!

Selig schaukelnde Flut, in der ich träume!
Silbernachen,
Durch dunkle Weltenräume! —
Ihr vollbusigen, rundhüftigen, blitzeäugigen Weltweisen alle

Umdrängt mich, o warm! heiß! nah! mit Lachen und
  Schalle,
Daß meine Müdigkeit sterbe,
Daß ich Kraft und Weisheit erwerbe! —
Über alle, alles, alles wollen wir lachen,

Denn weise ist diese
Dunkellachende, sonnenselige Schaumkrautwiese!....

Die Schiffer

Die endenlose brausende See —
O wie seltsam mich graust! —
Und diese Schiffer, die ich da seh'?
"Jene Gestirne; so hell, kalt und klar in der schwarzen Höh?

Dieses seltsamst sausende Ungeheuer?
Und wir, an Ruder und Steuer
Mit so ruhigsten Händen und Augen so überhellen,
Durch so purpurn brüllende, grauslich-grauslichte Wellen?
Brüder, ha! - Was will uns umfahn?!

Was sind wir so heiter?!
Spüren wir den Geleiter?!
Will der - Strand nahn?!..."

Die stillen Wasser

Vom Trost, von den stillen Wassern will ich singen;
Vom friedevollen, vom gefriedeten Meer.
Kommt am Morgen Licht und Morgenrot daher,

Dann werden wohl vom stillen Wellenschwingen
Rosen geschaukelt;
Und entfachen sich abends die roten Brünste
So wird mit Blut gegaukelt;
Aber ballen sich trüb die dunklen Wetterdünste,
Und zucken die wilden Blitze daher:
Still und friedevoll freut sich ihrer das Meer.
Sie sind gekannt und gebannt.
O, in allen Liedern der Sehnsucht geahnt und genannt:

Sie, der Trost, die stillen Wasser!...

Die Vollendeten

Ich luge in den Paradiesgarten hinein.
Menschenferne Wiesengelände.
Dort wandeln sie nun in jungem Grün,
Wo die blauen Sonnenbrände
Über tausend lachenden Blumen glühn,
Und alle zu Zwei'n.
Weltversunken,

Eines neuen Schöpferwortes trunken.

Doppelliebe

Wie eigen ich dich einst küßte! —
Du lagst in deinem Sessel
Und decktest schelmisch
Die Hand vor's Gesicht.
Über den Fingern
Waren nur deine Augen zu sehn,
Deine Augen. —
So fern plötzlich

Und eigen. —
Und ich erschrak.

Zwei andre Augen sah ich,

Zwei ferne Augen.
Die Augen der anderen...
Und da bog es mich zu dir,

Und leise
Küßt ich —
Diese Augen . . .

Draugemunde

Komm, liebe Harfe Draugemunde,
Mein Eins, mein Trost!
O gib' mir Lenzkunde.
"Plink Plunk ti Plunk.
Ach, mein tiefstes Herz hat einen Sprung!"
Komm, liebe Harfe Draugemunde,

Mein Eins, mein Trost!
Wo ist Lenzkönigin, die blonde?
"Plink Plunk ti Plunk.
Ach, in kalt grau Meer hinabesprung."
O liebe Harfe Draugemunde,

Mein Eins, mein Trost!
Wirds nie mehr hell im grauen Grunde?
"Plink Plunk ti Plunk.
Ach, wird alles, alles wieder jung!
Du siehe zu, was Dich erfreut;

Und warte, bis sich Lenz erneut.
Du kennst ja Deine Munterkeit.
Ach, ach!
Rühr' mich gescheit!"

Eine andere Liebe

1.

Nein, wir haben unsre schönste Zeit versäumt!
Ach, wie bin ich so müd und wirr verträumt! —
Nein, und wenn die trübe Flamme loht,

Such ich in deinen Küssen Tod.
Gleicher Haß und gleiche Flammen:

Sieh, so passen wir zusammen. —

2.

Blicke mich nicht so dunkel
Und voll Verlangen. —
Siehst du nicht, wie licht und klar
Die lieben Sterne prangen?
Die füllen, blinkenden Wasserweiten!

Dies Flüstern im Rohr!
Und dort drüben über den breiten
Wipfeln taucht der runde Mond empor. —
O Gott, wie ist die Welt so licht und rein! —

Komm, laß uns diesen Frieden leben
Und einmal, einmal still und — glücklich sein. —

3.

Wie du weintest, als ich dich umarmte!
Ich sah wohl bis in die tiefsten, dunkelsten Gründe dieser Thrä-
nen
Und ich fühlte wohl dein tiefstes, dunkelstes Sehnen;

Bis unsre trübe Sonne sich seiner erbarmte. —
Nicht? —

Eine Liebe

1. Waldsonne

In die braunen, rauschenden Nächte
Flittert ein Licht herein,
Grüngolden ein Schein.
Blumen blinken auf und Gräser

Und die singenden, springenden Waldwässerlein
Und — Erinnerungen. —
Sie längst verklungen:

Golden erwachen sie wieder,
Alle deine fröhlichen Lieder.
Und ich sehe deine goldenen Haare glänzen,

Und ich sehe deine goldenen Augen glänzen,
Aus den grünen, raunenden Nächten.
Und mir ist, ich läge neben dir auf dem Rasen

Und hörte dich wieder auf der glitzeblanken Syrinx
In die blauen Himmelslüfte blasen.
On die braunen, wühlenden Nächte

Flittert ein Licht,
Ein goldner Schein. —

2. Abendgang

Und ich führte das blonde Jungfräulein
In den weiten, schleiernden Abendfrieden hinein.
Nebel über die Wiesen gingen,

Und vom Bache durch das braune Dunkel kam ein Singen.
Am Himmel alle unsre goldenen Geigen hingen.
Die tönten so sacht und fein. —

Ekstase

O Nacht! Nacht!
O Ungekanntes, Ewiges und Eines!
Ich, das arme Gebilde deiner rasendsten Süchte,

Sehe alle deine strahlenden Wonnen!
Sehe alle Pracht deiner schöpferischen Sehnsucht!
Ich bin das Reich aller deiner Wunder!

Ich bin die tiefste deiner Tiefen,
Deine ganze Tiefe! —
Ich, in deiner ewigen Umarmung,

Schaukelnd in deinem Schoß
Als meiner ewig sicheren Wiege!
Ich Dunkler: dein strahlender Tag!

Ich Dunkler, der ich deine Sonne sehe:
Ich, alle deine Sonnen und Tage! —
Ich, Erzeuger deines buntfröhlichen, erhabenen Wogenspiel:
Ich, sein Spiel und sein Gebilde!
O Du, von dir mich stoßend!

O Du, zu dir mich ziehend!
O Du, ewig mich umfangend! —

Ernte

Die Schnittermädchen bringen
Den bunten Erntekranz und singen,
Und hinter den goldnen Garben
Versinkt der klare Sommertag
So fröhlich in hundert Farben.
Das Korn ist gut geraten,
Nun sind wir wohl beraten,
Nun haben wir Brot
Und könne tanzen, tanzen . . .

Erwachen

Durchs Feenland bin ich gegangen
Die ganze Nacht.
Durch hundert holde Gefahren.
O, ihr lieben, lieben Meilensteine!

Dies ist mein Weg!
Was soll al dies irre Raunen, Blinken und Winken?
Du liebe, stille Meine!

Hahnschrei und Morgenrot. —
Der Zauber weicht. Wie köstlich wirklich wird die Welt!
Du liebe, stille Meine!

Wie bin ich müd'! —
Streiche mir noch einmal so über die Stirn. —

Ewigkeit

Sonntagmorgen; wir gingen ins Feld hinaus.
Aus der Kirche Gesang und Orgelgebraus:
"O Ewigkeit, du Donnerwort!
Du Schwert, das durch die Seele bohrt!"
O Ewigkeit...
Und wie ein fahler Zwielichtschein

Brachen die Töne über uns ein...
Über sonnigen Feldern die Lerche sang,

Aus blauen Höh'n ihr Jubel klang.
Auf dem Hügel der blühende Apfelbaum.
Wir standen beide Hand in Hand
Und sahen über das junggrüne Land
Bis zu der Ferne duft'gem Saum,
Und küßten uns mit jungerwachten Liebesdrang,
Und küßten heiß und küßten lang...
Und Herz! Die Zeit

Will Ewigkeit!...
Will und wirkt Ewigkeit!
Lachende, lachende Ewigkeit!

Feste des Rausches

I

Feste des Rausches, gilt es euch Abschied sagen!
Haha! nicht völlig zwar.
Zu danken wissen gereifte Triebe
Allen ihren Wirten, Stürmen und Festen.
Ringende Kraft ist bergende, rettende, sammelnde, einende
Liebe.
Tausend Gut und Gewinn gilt es zu tragen
Zum Einen und Festen
Zum Ziele wunderbar.
Zum Ziele klug und wunderklar.

II

Duft des Faulbaums und der Hyazinthe: Dein will ich geden-
ken.
Wieder mein Erinnern in dein gotttiefes Geheimnis senken.
Du, notwendig und wahr,
Süßester, so dunkel und so klar,
Und das jungjunge, jubelnde, brausende Jahr!
Und tiefer, tiefer; noch einmal in die heißen, licht-lichten,

Sommerdunkelnächte düfte-schwanger,
Dass mich ihr Rausch, ihr brausender, gespannter, banger
Noch einmal nehme!
Ihr banger.
Denn Blick, o Blick des Abgrunds und der - Gefahr!
O, der - Gefahr! —
Und doch: dort zu schweifen,
Und zwischen solchen Wonnestürmen zu ergreifen,
Tief, schnell und klar,
Dass nur dort unten in jenem Bereiche letzter Güte
Einheit ist;
Dieser schmerzlich-süßesten Wonne Erkenntnis und Sicht,
Dieser ewige Sporn der Einigungen
Zur Einigung, nie, nie errungen,
Einem tiefsten, kleinen Blick nur erreichbar;
Aber gewusst, gewusst und klar,
Und einzig bindend,
Der zwei ewig Verbannten schöpferischste Fruchtbarkeit wir-
kend,
Und auch das Eine, o das stille hehre Gut.,
Diese göttliche Müdigkeit weilenden Verzichtens,
Die alles ist, was Glück bedeutet;
Den schönen tiefen Wahrtrug des Verzichtes und der Versöh-
nung bergend.
Denn: o, es gibt Glück!

Duft des Faulbaums und der Hyazinthe: Dein will ich geden-

ken.

III

    Von Pallas Gnaden eulenäugig Weib;
Dumm aber, gut, süß, lind wie Aphrodite ganz;
Üppig wie Hera; doch bei alledem
Zugleich ein ganz klein wenig "Berliner Range" auch:
Fleischfarben gelbe Rose, Mimose, und die Lilie Silberweiß,
So Tuberose, Hyazinthe wie auch Fliederdolde:
Sie einen sich zu unvergesslichem Symbole mir,
Von welcher Sommernächte tiefergründetem Rausch!
Von mir genommen sei ein Sammetbank von russisch Dunkel-
grün;
Und mit ihm will ich solch Symbol und solchen Strauß um-
winden.
Noch einmal aber doch, von Staunen und einem tiefen Sinnen

überwältigt,
Seh ich Dich, wie Thetis silberfüßig und im fliederfarbnen Sei-
denhemd
Mitten in meinem Studio auf dem weichen Teppich stehn,
Im Silberglast des Sommermonds, der durch den Vorhang
dringt;
Mir war, ich sähe Dich im herbstzeitlosen-farbnen, koischen
Gewand,
Umwoben von der Seele jener Töne ganz
Aus Beethovens, des Geliebten, "Ruinen von Korinth",
Der magischen, die ich so liebe, die mich so verzaubern
Wie Spiel des Vollmonds zwischen ionischer Kolonnade.
Ja, denke! Phoebe warst Du da; ja Du! in jenem Augenblick.
Phoebe, die keuscheste! o wechselreichstes holdestes der Rätsel
Du!
Auch Phoebe!
Dessen uneingedenk nicht, preis' ich dennoch jetzt - eigentli-

cheres,
Als solches holde Gesicht, das mich mit welchem,
Ach welchem Schmerzes Grimm in jenem Augenblicke über-
wältigt! —
Eigentlicheres, Feste des Fleisches und der Sinne,
Und Rausch, den Du geboten mir aus einem Kelch,

Den dieser Zeiten Gottheit, Dionysos, geweiht mit tiefrer Wei-
he.
Eigentlicheres! Und nenne Dich, umfasse Dich vom Scheitel

bis zur Zehe;
Nenne, erfasse mit rechtem Wort und Namen schlicht,
Mit physiologischer Schlichtheit kündend doch Unsagbares,

Und Fülle göttlicher Gedichte also bändigend.
Kopfrundung; gelöstes lange dunkles Wellenhaar,

Zur weißen Hüfte flutend; seegrau Rund des Auges,
Aus holden Schatten; Auge klug, ein wenig kühl und doch vi-
brierend tief;
O auch wohl flüchtig von verruchterer Begier erblitzend.
Kopfrundung, Haar und Auge; o, und Hinterhaupt!
Bau, Linie, Seelenlinie so naiv und drollig mädchenhaft;
Ein ganz klein wenig bäuerisch breit und herzhaft auch;
Der weißen Kehle süße Üppigkeit; der Hals ein wenig kurz,
Beseelt von einer muntren und naiven Sinnlichkeit;
Weib-Nacken weiß und fleischig, doch in feinstem Muskelspiel
Vibrierend, und von jener Biegung, in der so holde Sattheit ru-
hen, weilen,
feiern kann;
Biegung, die auch hüftenhingegebenen ich nenne,

Wie Messer Correggio vordem unvergleichlich sie gemalt;
Brustkasten elfenbleich, hoch, rund und mütterlich und sehr
gesund;
Rundung der Brüste, ach! naturbestimmt zu holdester Ernäh-
rung! —
Reife, Fülle von Psyche doch nicht allzu fern;
O Aderlinie drüber pulsend unter Pfirsichhaut;
Leiser, süßer Schatten in Kehlgrube und um Schlüsselbein;
Armrundung üppig und berauschend mit Magie beseelten Li-
nienfluss;
Brustwarze himbeerfarben, herzhaft und nicht zimperlich;
Und himbeerfarben Mandelmal auf Schimmerspiel des Schul-
terblatt;
Duft tief und ambrosisch, und der Kräuselhärchen goldig flim-
mernd Vließchen.
Von Aphrodites Namen mancher kommt Dir zu;
Keiner gering und jeder frommen Schauer zündend.
Der lichten Flanken üppig und feingegliedert, fließend Dop-
pelspiel;
Des Bauches kräftig Rund
Mit festen, schlanken Schenkeln bergend und umschließend
holden Kelch;
Die Wade herzhaft und das runde Fußgelenk,
Mit kleinen, runden, derben Fuß, feinzehig;
Doch geb' ich einem Reiz aus solcher Fülle einen höchsten
Preis,
So sei es Deine kluge, gute, linde Hand, die weiblichste...
Dies alles nannt' ich und benannt' ich; nannte und benannte
Mit allem hundert Lieder, Träume und Unsägliches,
Getragen von hellenischen Unterton, nach Wahrheit und Ge-
bühr.
Getragen und - gebändigt,

So Gong wie korybantisch Erz und klügere Magie,

Und jener Rausch, ganz fern, in tieferen Hintergründen
Der dunkleren Aphrodite...
Und dennoch Sieg, Ziel dennoch! Und das Tor!
Der Augenblick, in dem wir Edens, Edens Riegel hielten,
Und Edens Tor in seinen Angeln ging!
Er mehr als alles! —
Sag' ich Lilie, sag' ich Wunderrose, sag' ich - Phoebe,
Rauschnebel scheuchend, klärend —
O Du! Sinn kündend und Erfüllung! Doch! Dennoch!!
Jener einzige Kuss, den wir noch nie zuvor geküsst!

Jene still geschmiegten, sinnenden, so süß verlorenen Augen-
blicke,
Die wie Weinen bebten! —

Jenes leise, hauptverborgene, errötende Flüsterwort,
Das, o! halbgeborene:
Jener Kuss und jenes Wort! —
Da mussten wir uns trennen...

Freie Liebe

Binden und Lösen,
Lösen und Binden,
Bis sich die Rechten
Zusammenfinden. —

Friede

Apfelblüten leuchten,
Und vom Flieder weht's herüber.
Oben ein stilles, weißes Grau darüber
Und ein Ruch vom feuchten,
Hohen Wiesengrün.
Lachende Grüße

Von dir,
Aus mir
Zu mir,
Du Süße! —
Weiter graudämmernder Friede.

Friede. —

Glosse zu Versen neuerer Dichter

"Der frischgedüngte Acker stinkt empörend,
Doch ist sein Stunk nicht gerade unbelehrend:
Nur wer das Leben überstinkt wird siegen."
Ich hab's mir überlegt, - und du hast recht.

Doch ist die Weise richtig zu verstehen.

* * *

"Wär' ich der Cecco, nun, der bin ich eben;
Drum wünsch' ich mir die schönsten Jungfernfelle
Und will die häßlichen gern andern geben."
Und du, mein lieber Cecco, gleichfalls hast du recht;
Indeß nicht unrecht der, der dir sie überläßt...

Hat der alte Meister der Liebe

Hat der alte Meister der Liebe
Mir ein ganz Besonderes aufgespart:
Diese wilde, scheue Tochter Gottes!...
O Stürmen, Dringen bei Tag und Nacht!

O nimmer rastende Pein!
Denn das ist sie, die sich Mißachtende,

Diese kranke, irre, wilde Liebende,
Aller Himmelswonnen mächtig!...
Eva! Eva! nackte, fliehende Eva!

Du! Du selbst! Sie!
Teufelin meiner Nacktheit!
Du mit deiner innerlichsten, mütterlichsten Süße!
Du ganz, ganz dich Gebende!
Mannbildnerin!
Eva!...
O diese Sonnenblick im dunklen Kampfgewühl!

Sehnsucht unterster, dunkelster, unbewußter Mächte!
Du enthülltes Weib!
Flüchtig ganz erfüllter Traum meiner wildesten, beharrlichsten

Süchte!
Erfüllter Traum!...
O unsäglicher Balsam dieses Mondblickes,

Wenn mild meiner drängenden, heißen, verzweifelten
Sehnsucht
Dein Innerstes, Heimlichstes, Keuschestes erblüht!

Du Urliebende!
Du wilde, scheue Tochter Gottes!...

Helden

Der grimme Hagen,
Der dunkle Nibelungensohn,
Vom dem Palast seh' ich ihn lehnen
Am Pfosten,
Im Drachenhelm,

In blutiger Brünne,
Mit Volker, dem Fiedler,
Vorm Saal der Toten. —
Müde vom Harst,

Vom Ruch der Leichen,
In der Nachtkühle,
Vorm Saal der Toten.
Durch die Mondlicher,

In den Schatten
Des weitstillen Hofes
Naht, lauert der Tod. —
Aber unverzagt warten

Unter den Bauen
Seine ruhigen Augen
Und düsterfroh
In der Mannesfreude
Seines stillwachen Kampfgrimms.
Die Faust am braven Stahl
Lehnt er und lauscht.
Aber Herr Volker,

Bein über Beine,
Sinnenden Auges
Fiedelt er dem Freunde
Ein Liedlein. —

Heldenversöhnung

Herr Walter, Hagen und Gunther sitzen
Am Wasgenstein;
Mußten weidlich im Kampfe schwitzen,
Der eine gegen die zwei'n.
Ließ der eine die Hand, ließen die andren Aug' und Bein.
Nun sitzen sie im kühlen Waldgeraune
Auf moosigem Stein.
Schön Hildgund schenkt ein,
Und sie sind in der besten Laune.

1.

Nun kommen die letzten klaren Tage
Einer müderen Sonne.
Bunttaumelnde Pracht,
Blatt bei Blatt.
So heimisch raschelt
Der Fuß durchs Laub.
O du liebes, weitstilles Farbendlied!

Du zarte, umrißreine Wonne!
Komm!

Ein letztes Sonneblickchen
Wärmt unser Heim.
Da wollen wir sitzen,
Still im Stillen,
Und in die müden Abendfarben sehn.
Da wollen wir beieinander sitzen
In Herbstmonddämmer hinein
Und leise
Verlorene Worte plaudern. —

2.

Herbstsonnenschein.
Der liebe Abend lacht so still herein.
Ein Feuerlein rot
Knistert im Ofenloch und loht.
So! - Mein Kopf auf deinen Knie'n. —

So ist mir gut;
Wenn mein Auge so in deinem ruht.
Wie leis die Minuten ziehn! .

Hoffnung

Ein weißes Grau hüllt weit den Himmel ein.
Ein stumpfer Glanz liegt auf den Uferweiden.
Träge, mit gurgelnden Wellen treibt der gelbe Strom.
Ich muß mich noch bescheiden.
Ich will noch ein Stückchen so weitergehn.
Bald müssen ja alle Höhn
In gellen Frührotfeuern stehn . . .

Il Paradiso

Il Paradiso? Bin ich also etwa durchs Inferno gegangen?
Bist's! Ach, wohl! Inferne und alle Sodoms Finessen.
Wie sonst könnte Elysiums Prangen
Mich so anblühn und umfangen,
Ach, so hold und unvermessen! —
All das, alles ist vergessen!

Tiefes, tiefes dunkeltiefes Raunen nur!
Ist in seinem Sinn und Wert gemessen. —
Il Paradiso! Il Paradiso!

Und ist doch nur ein schöner milder Abend,

Hier im Allttag unserer Weimarer Schillerstraße,
Unserm alten Schillerhause gegenüber,
Hinter dem Brunnen mit dem Gänsemännchen,
Vor dem auserwählten Blumenfenster.
Am klaren, bleichen Abendhimmel funkeln

Bereits die ersten Sterne auf.
Ich aber stehe vor dem auserwählten Blumenfenster;
Idyllisch-träumerisch plätschert der Brunnen.
Hyazinten, Azaleen, Maiblumen, Veilchen,
Rote, weiße, gelbe, purpurtiefe Rosen,
Narzissen, Kalla auch und Orchidee,
Nelke, Krokus, Glockenblume, Mimose und Spiräe:
Dies und diese; und doch wie viel mehr als je
Ich sagen könnte! - Paradiso! Paradiso!
Und Friedrich Schillers "Götter Griechenlands"?

"Da ihr noch die schöne Welt regieret,

An der Freude leichtem Gängelband
Selige Geschlecher noch geführet,
Schöne Wesen aus dem Fabelland!
Ach, da euer Wonnedienst noch glänzte,
Wie ganz anders, anders war es da!
Da man Deine Tempel noch bekränzte,
Venus Amathusia!"
Disokure! Klassiker! O Kantianer!

Dein gedenk' ich, Dein und Deiner Klage,
Und des großen Trugzertrümmerers,
Seiner auch, des Königsberger Weisen,
Und der entgötterten, mechanisierten Welt. —
Mächtiger der Erdensöhne!

Prächtiger,
In Deinem Busen baue sie auf!"
Disokure! Klassiker! O Kantianer!

Doch der Postulate praktischer Vernunft
Nicht minder! - Ach, der lachenden, der schelmischen!
Die schelmisch-ernst am Hintertürchen warteten —
Und dem größten der Vernünftigen,
Dem Unbestechlichsten, ihrer Schnippchen schlugen!
Denke ihrer auch mit heiter frommen Staunen;
Und - was hab ich da gesehn, begriffen,
Und in einem kurzen Augenblick verstanden?
Welches Lachen lacht' ich da?...
Und, Venus! Venus Amathusia!

Große, aller Götter gewaltigste, furchtbarste, hehrste:
Wessen hast Du mich bedeutet,
Vordem in Sodom, in Sodom da?
Welches Lachen klang schon in Sodoms Gassen da?

Und witternd welche Morgenröte in Sodoms Gassen da?
Kindheit! Jenseits! Jenseits! Paradiso!

Triangel, Schalmeien, Flöten,

So heiter, in wie hohen, freudevollen Morgenröten?
Irrende, doch Liebe! Liebe! Liebe! Liebe!

O, und ihre Geburten, ihre Geburten schon!...

Draußen zwischen ehrwürdig alten Parkdunkels Säulen,

Wo so gute, tiefe, heitre Geister wohnen,
Welches Raunen schon?
Welche neue Lenzlüfte schon, die dort wehen?
Welche neuen Sterne über hohem Zweiggewirre lenzlich schon,
Hab' ich gesehen?
Ach, wie lach ich des Exakten, des Grauen!

Lachte noch nie so seiner mechanisierten Stoffklumpen!
Ach, und der feingesponnenen, neunmalgescheiten und ver-
zwickten Netze
Seiner - Gesetze!...
Gottheits Rundgestalt, bewusst-beseelt, Sphärenlied säuselnd

und dröhnend,
Lebensvoll, lebendig!
Seelenworte in brüderliche Reigen hinein!

Götter! Cherubim! Der Blick! Der Blick!
Kreisend, jubelnd großes, großes Hosiannah
Um Mittelpunkt und Thron!
Seelen-Willkür! Freiheit! Freiheit! Götterreigen!

O! Sie sind ja da!

Alle sind sie wieder da!
Dioskur! Klassiker! O Kantianer!
Der Blick, der Blick, der Blick ist wieder da!
Die Götter, Deine Götter, und mehr als die,
Die wahrsten von allen, die alleroffenbarsten,
Da! Wiedergeboren!
Juble Ra! Heb an: A!

Dies ist ein Neues! - —
Lenzluft, Heldenluft weht über verjüngte Welt!

Saturn, Saturn, Saturn ist verstanden! —

Im Ilmtal bei Tiefurt

(Eine Erinnerung)

Das ist mein Lieblingsgang:
Beim Schloss vorbei, über Kögelbrücke und durch Kögeltor,
Nach links den Park hinauf,
Vorbei am Archiv der beiden Göttlichen;
Man hat da solch' einen hübschen Blick auf Weimar.
Es sieht von hier noch so idyllisch nach Alt-Weimar aus.
Dann den Park abwärts,

Ein Stück die Ilm entlang.
Im Parkschatten,
An einem Wehr, einer Sägemühle vorbei,
An der alten Ilm hin.
Leider riecht sie,
Schiller hat das ins einem Distichon zu erwähnen vergessen.
Oder roch sie damals noch nicht?
Kann sein; denn es gab noch keine Zuckerfabriken,
Vielleicht waren damals auch die Lohgerbereien noch diskre-
ter.
Und doch hab' ich sie gern,

Wie sie träumend, sanft, weiherstill
Zwischen überhängendem Gezweig gleitet. —
Den hübschen Promenadenweg weiter,
Der schattig am waldigen Fuß des Berges hinführt —
Oben auf seinem Gipfel läuft
Hinter alten Bäumen,
Die herrliche Tiefurter Allee.
Dann gelang ich zu dem Bahntrajekt,
Der nach Jene und über Jene weiter
Nach Rolscht *) führt;
Ein stattliches, ja großartiges Bauwerk,
Über das sich der alte Goethe sicher gefreut hätte,
Wär's ihm vergönnt gewesen, es zu erleben,
Wie noch über so manches andre von Neu-Weimar —
Über manches auch nicht, so sehr es ältet - ;
Dann gelang' ich zu einer großen Wiese,
Und hier bin ich im Tiefurter Tal.
Nach rechts pfleg' ich dann in den Karolinenweg einzubiegen.
Er ist nach unsrer jungen Frau Großherzogin genannt. —
Neulich, **) an einem Wochenmarkttage,
Ist sie über den Markt gegangen
Und hat, man denke!
Ihrem Hundchen gerufen! —

Ein recht anmutiger, neuer Weg,
Der bis zur Tiefurter Gänsewiese hin
Sich durch den prächtigsten Bergwald zieht.
Ein paar Fuß tiefer siehst du die Ilm gleiten;
Über sie hin aber

Und nach vorn gegen Tiefurt zu
Hast Du den Blick in das lieblichste Tal.
Hier pfleg' ich zu weilen.
Hier geht mir das Herz auf.
Ja, dies ist, was ich von Weimar wollte:
Dieser stille friedsame Heimatsblick von weiland. —
Drüben der liebliche,
Sanfte Wellenschwung des Feldbühels von seinem Scheitel her
ab,
Gegen die umbuschte Ilm her
Und die Sohle der kräftigen dunklen Masse des Waldberges;
Weiter hinten blaut über Bühel und Feld,
Waldgekrönt der andere Ettersberg,
Und neigt sich zusammen
Mit dem heimischen Dunkel
Des mächtigen Waldrückens hier;
Anmut zu dunkler, ernster Feierlichkeit;
Und sie umschließen mit süßen großen Armen

Den sinnenden Frieden
Des braunen Abendtales.
Am klarsten Sommerabendhimmel
Funkeln großentfacht alle Gestirne.
Unten im überschatteten Schimmer des Flusses
Schwippt plätschernd ein Fisch auf;
Von den Roggenstoppeln her schnarrt
Aus geheimnisvollem Braun
Der Ruf der Rebhühner.
Ein verspätetes Fasanenpaar
Klirrt mit metallischem Flügelschlag
Vom Feld herüber
In das große Rauschen des Walddunkels hinein.
O still! Atme auf! Weile! Feiere!

O atme, atme auf!
Doch eine Erinnerung will ich nicht vergessen,

Die mir kam,
Als ich neulich an solch' einem Abend hier weilte.
Wie lange hatt' ich nicht an ihn gedacht,

An meinen alten Freund Hermann Conradi,
Den neulich, glaub' ich, irgendwer
Mit Günther, Lenz, Büchner und noch ein paar anderen
In das Fach jener verrubriziert hat,
"Denen ihr Leben zerrann wie ihr Dichten."
Wie lange hatt' ich nicht an ihn gedacht!

Doch hier musste er kommen.
Und so nah war er mir,
Dass ich meinte, er müsse mir zur Seite schreiten,
Gleich wie ein unzertrennliches Teil meiner Selbst.

Wie lange hatt' ich nicht an ihn gedacht!

Und da, in diesem Augenblicke, sah ich ihn,
Wie er —
Als wärs heute! —
Vor nun manch' einem Jahr
An jenem Spätherbstabend im Magdeburg
Drüben hinter dem alten Rathaus vorkam,
Wandelte muss man sagen —
So recht jener alte wandelnde, träumerische, selbstbewusst Poe-
tenschritt .
Wie er kam,
Und über das holprige Pflaster
Den "Alten Markt" her auf mich zuschritt,
Der ich unter dem romanischen Denkmal
Kaiser Ottos und seiner beiden Gemahlinnen
Im Schein des flackernden Gaslichtes
Auf ihn wartete.
Klopfenden Herzens;
Denn er war bereits "Mitarbeiter von verschiedenen Zeitschrif-
ten",
Und war soeben dabei, —
O wie interessant! —
"Daniel Leßmanns: Wanderbuch eines Schwermütigen"
Und ein Buch Lyrik herauszugeben.
Ich sehe seine untersetzte,

Breitschultrige Gestalt,
Den Hals mit einem Seidentuch umschlungen,
Und unter dem schwarzen Kalabreser hervor,
Einem rechten Anarchistenstürmer und Wolkenschieber,
Kaum gebändigt,
Diese wunderbare Fülle und Gloriole
Der seidenfeinsten üppigsten Rotgoldlocken.
Diese rotgolden bübische Pracht
Um das marmorblasse Gesicht
Mit dem rosenroten, dicklippigen, moquant aufgeschürzten
Mund,
Zwischen seinen beiden tiefen bitteren Furchen,
Mit seiner frechen Stumpfnase,
Zwicker vor lichtblauen, hellen, scharfen Augen;
Und der skelettierte Knotenstock!
Wetter! Wie war er hässlich und interessant!
Nein: schön!
Wie edel und stolz er den Kopf zurück trug!
Wie das und wie seine spöttische, so kalte Miene
Da irgend etwas, so stolz, so herbe, zu maskieren suchte!
Wie mich das durchzuckte!
Was jeden Anderen von ihm zurückgeschreckt hat!
Wie ich ihn liebte!
Ja, ich weiß: alles war dies;

Einer!
Alles diese unaussprechliche Magie.

* * *

Die dunkle Fackel!
Wahrhaftig! Nicht du erst stecktest sie mir auf.
Aber, goddam! Du verstandest mir ihr zu fackeln!
Und so sag' ich dies von Dir:
Noch nie hab ich einen gesehen,
Der so ganz Jüngling gewesen wäre wie Du!
O auch, in tieferer Bedeutsamkeit, physiologisch!
Ein Paradoxon,
Das unsre älteren und jüngeren alten Herren und Damen,
Und kerngesunden und sehr normalen
Komfortabilisierten Mitteleuropäer
Vielleicht erschrecken wird.
So ganz Jüngling!

Bis zum letzten Atemzug,
Als Dich da in Tübingen,
Weiß der Teufel was für ein
Nichtsnutziges Asthma erdrosselte!
Du und ich!

Dich an einem Spatzen,
Oder an einer Wiesenblume zu freuen;
Den Blick zu tun und objektiv zu konstatieren,
Sozusagen instinktiv und funktionell,
Wie lieblich kunterbunt die satanische Tiefe
Des menschlichen Herzens
Und der ewigen lieben kuhdummen Dummheit:
Du brachtest es nicht fertig.
Lieber! Du verstandest nur sie zu beknurren,
Nicht aber sie drei mal neunundneunzig Mal zu verachten.
Ja, noch immer macht mir die Fliege an der Wand Spaß,

Oder erscheint mir wohl auch
In dieser und jener sinnvolleren Stunde als ein Wunder,
Die Dich unversöhnlich choquierte.
Mein altes stillfreches, widerborstiges Leitwort:

"Und dennoch!" —
Worauf es ankommt' —
Es wollte dir niemals ein.
Die dunkle Fackel!

Vorletzte Station:
Danach ist sie erloschen.

* * *

Ich liebte Dich,
Mit dieser sympathischen Wärme
Brüderlicher Freundschaft!

Hätt' ich das jemals über diese Kluft vermocht,
Die ich seltsam nenne.
Stilles, braunes Tal!

Abendfriede!
Schimmernder Fluss!
Ihr Sterne und ihr süßen Abendlüfte:
Was ist das Leben für eine närrische Sache!
Was wollten sie?

Nach welchem Genüge streckte sich ihr Sehnen?
Der göttliche Etonboy,
Der Stern, der im Hellespontes erlosch,
Und dieser und jener,
Und der und die,
Sie alle,
Und auch er:
Wo ist ihre Heimat?
Wo dürfen sie weilen und blühen?
Wie wir jahrelang nebeneinander schritten!

Brüderlich doch; nicht?
Mit irgend einem inneren V e r s t e h e n :
Und doch: n e b e n einander!
Welches "Und dennoch"
Und welches Nein,
Das was für ein Ja barg?
Du geleitendes Lachen,
Heimlicher Fronteur,
Der mich magisch und wunderlich
Durch welch' ein Labyrinth von Jahren
In Goethes unsterbliches Weimar
Und in dieses gleichsam heimatliche Tal geführt,
Mit seinem blinkenden Fluss

Und seinen Sternhöhen:
Was macht dich nachdenklich?
Was verstehst du?
Nun sieh! Auch dieser Blick,

Auch dieses Verstehen
Muss dir zu Genüge gereichen.
Ja, hier steht einer

Du Unsichtbarer neben mir,
Zäher naturiert als du,
Blickt zu Sommersternen hinauf
Und - hat Genüge.

*) Rolscht: Dialektisch für Rudolstadt

**) Dies Gedicht ist im Herbst 1904 verfasst,
Großherzogin Karoline stark im Januar 1905.

Im tiefen Grund

(Fragment)

Am Ziel! Am Ziel! —
Dürr wie ein Besenstiel. —
Vom Wandern, von langen Wandern,
Immer so aus dem einen zu andern.
Hahahaha!
Von Meinungen geschunden,
Gebunden,
Wieder losgewunden.
Gehetzt mit allen Hunden:
Aber nun bin ich da! —
Sieh, wie wirrt sich das Deutliche mit Sonne, Korn,

Grün und Blüten ins Fahle!
Nur eine einzige glutrote Blume bleibt
Und treibt
Stilleinsam vor dunklem Thale. —
O nun, mein goldener, mutiger, unbezwungener Leichtsinn

tritt ein!
Sieht, mein dunkler Wille: hier ist sein Pfad.
Munter aus dem Unzulänglichen,
Dem versänglich Unzulänglichen,
Kommt es genaht.
Folge diesem silberklaren Wässerlein
In tiefen Grund.
Horch! Dort unten aus den Edeltannnächten schäumt ein

Mund!
Schäumt und kündet,
Was der fröhlichen Neugier deines Sehnens noch unergründet.
Beuge dich nieder zum Dunkel! —
Sieh, wunderseltsam ein Gleißen und Gefunkel!
Horch, ein Lockruf aus den Fernen!
Blickt wie Rubin. —
Hahaha!

Ohr und Auge, Auge und Ohr:
Wie eins sich ins andre verlor!
O, was für ein lustig Land!

Laut wird Farbe und Farbe Laut.
Auge das hört und Ohr das schaut
Bekannt wird Unbekannt und Unbekannt Bekannt.
Mit meinen verkehrten Sinnen,
Was werd' ich doch noch gewinnen,
Ich, Junker Habenichts und Nimmersatt? —
Wie mir nur ist? - So eigen munter-matt? —

Ein Ruf, fern aus einem Thal. —

Ja ja, ich weiß: einer neuen Sonne Strahl

Leuchtet über einem Lande von Thoren.
Wer hindurchkommt, geschoren-ungeschoren,
Ist neu geboren;
Der ist gekommen
Von den Neunmalklugen zu den Freien und Fröhlich-From-
men.
Amen und Ja!
Still!
Nein:

Die Tiefen schweigen.
Die Tiefen - steigen —
Nun bin ich da.....
Wie eigen bin ich befangen —

Zornmütiges Sehnen gegen das Unbekannte zum Unbekann-
ten,
Gefühlt-Verwandten.
Lachende Neubegier und ein - Bangen...
Wie werden meine Augen so starr und weit,

Und mein wehrhaft Herze so gelassen-müde in der wunder —
sam dämmernden Einsamkeit.
Von oben schimmert weinerot ein Strahl.
Blume vom Thal!
O Blume vom Thal! —

* * *

Nun kann ich die beiden gleißenden Schlangen sehn,
Die sich dort gelb und grün um das braune Stammrund drehn.
Sie winken und blinken.
Will ich sinken?
Nein, nun kann ich's ertragen,
Was ihre gleißenden Windungen sagen:
Drinnen ist draußen und außen innen,
Sinnen ist Handeln und Handeln Sinnen.
Geh ich oder steh ich? So sag ich, ich gehe

Und sehe, was ich sehe.
So hör ich, was ich höre.

Ich weiß nun schon:
Alles ist ein einziger, der eine Ton
Und alles Gesehen-Gehörte sind seine Chöre.
O Grauen! —

Blut, Blut und Blut!
In hellgleißender, brütender Sonnenglut!
Oder - sind das weinrote, fröhliche Mohngefilde zu schauen?
Gefilde! Mohngefilde!

Lache, lache, mein Herz!
Eins steht fest: dein Feind ist dein Schmerz,
Und was du bilden kannst, das bilde. —
Hoiho! Du weiteinsames Land meiner Qual-Wonnen!

Ich, weit umfangen vom lustigen Grausen meines Ja-Nein!
Wie ich will, ist deine Pein zerronnen,
Oder von neuem um mich gesponnen!
Vorwärts, in meine Himmel-Hölle hinein! —
Hörst du den Ruf?

Waldhornruf!
Bebt durch Gestalten,
Belebt Gestalten.
Spüre, wie seltene Düfte gehn.

Diese Ströme, diese Seen,
Diese Breiten und Gestade,
Diese hellen Blumenpfade,
Diese glühen Himmelsfarben,
Diese breiten Strahlengarben,
Diese Leiber irisschimmernd,
Über Dunkelbuntem flimmernd,
Wie sie wandeln, wie sie eilen!
Wie sie gehn und wie sie weilen!
Wie es naht und wie es schwindet!
Jetzt sich löst und nun verbindet!
Welch' ein dunkles Lebensspiel!
Was sein Sinn und was sein Ziel? - - - - —
- - - - - - - - - - - - - - - - - - —

In der Nacht

Einsam bin ich, alle dem Treiben fern,
Das am Tage mich so müd' gemacht;
Nur ein leises, fernes Rauschen trägt
Zu mir her die linde Abendluft
Über Dach und Giebel vielgestaltig
Und im Mondlicht wunderlich verworren.
Einsam sitz' ich und verträumt am Fenster.

Weiß in der Gardine liegt das Mondlicht.
Zitternde Ranken, Schattenblumen malt es
Auf die tiefe, weiße Nischenwand,
Legt das Fensterkreuz schräg auf die Dielen.
Weiche, weiße, träumerische Lichter
In das stille Dunkel meines Stübchen.
Unter mir, in tiefe Nacht getaucht,

Hof und Höfchen, hohe, dunkle Mauern.
Lange, breite Lichter hat der Mond
Drüben her vom allerhöchsten Giebel
In die schwarze Finsternis geschoben.
Hier und da, verstreut, ein rotes Fenster.
In der tiefen, tiefen Einsamkeit
Hör ich nur das leise, dumpfe Rauschen
Über Dach und Giebel vielgestaltig
Und im Mondlicht wunderlich verworren.
Suchend irren meine bangen Blicke

Aus dem Dunkel über Dach und Giebel
Dorthin, wo der ewige Azur
Strahlt mit seinen stillen, goldnen Sternen.
Viele kann ich wohl bei Namen nennen.
Sehe dort den goldnen Himmelswagen,
Die Plejaden und den kleinen Bär
Und das Strahlenhaar der Berenike.
O, wie bin ich doch so klug und weise!

Hab' ein Bildchen bei der Hand, ein Gründchen,
Und das Weltall ist die Musterkarte
Meiner neunmalklugen Menschenweisheit! —
Weiß auch, daß dereinst die Stunde kommt,
Jene dunkle, die eihr macht ein Ende,
Da mein Stab vielleicht wie der des Cäsar
Frei nach Shakespeare eine Wand verklebt.
Ach, wie rinnen all die saub'ren Bildchen,

Himmelswagen, Haar der Verenike,
Meine ganze, kluge Menschenweisheit
Wirr zusammen in den goldnen Lichtstrom
Unerforschlicher Unendlichkeiten!
Und ich bin zufrieden, daß ich — nichts weiß!

In heiliger Gesellschaft

Flüsternacht,
Und alle Sterne entfacht.
Aber nur die heilige Cäcilia

Sitzt auf einer Silberwolke
Unterm Vollmond
Über den Chausseepappeln
Und macht gar heilige Musika;
Und alle Kater und Hunde queilen...
Ach Emmichen! dickes Liebchen!

Spute dich! —

Jenseits von Gut und Böse

Was ist das heut' für ein Getös,
Was ist das für ein Gesurr und Gesumm,
Von wegen "Jenseits von Gut und Bös'!
Aber merkt auf und merkt auf alle Fälle:

Gut bleibt Gut und Bös bleibt Bös,
Und dies ist das Mysterium.
Was ihr aber sonst jüngst bei Nitzsche gelesen und profitiert:

Wie mancher ist da aus was für unterschiedlichem Loch ver-
führt und zitiert!
Dies rat' ich euch wohl zu merken und zu bemerken,

Bei "Jenseit von Gut und Böse"-Werken.
"Jenseits von Gut und Böse": o ja! das könnte uns heilen.

"Jenseits von Gut und Böse": hahaha! Was seh ich da
alles und unterschiedliches sich erkühnen und eilen!

Haha! Denn Nietzsche ist klung und - gut.
Doch - die, die! - holt er euch alle herfür,
Und öffnet ihnen eine neue, raue, doch - fruchtbare Tür,
Die - hinausführt.
Im Übrigen: wir wollen alle zu reinem, vollem und ganzem We-

sen,
Und alle lasse Gott zu solchem genesen.

Jung Siegfried

Jung Siegfried streift durch dunklen Wald.
Durch Busch und Brach' sein Freilied hallt.
Waldwässerlein, das rauscht zu Tal,
Staud', Kraut und Blümlein allzumal,
Waldvögelein raunt und Flüsterwind
Alt tiefe Kunde tumben Kind,
Auf daß, so es an' Drachen 'kommen,
Es solchen töte unbeklommen.

Lockung

Ein Vogel sitzt auf unserm Dach,
Der hat eine schillernde Feder.
„Komm du!
Komm! —
Ich weiß ein Land,
Ein Wunderland:
Ich will dir den Weg weisen!
Sieh meine Feder!
Nun bist du ein Kind
Und hast die Augen! —
Schau um dich!" —

Maifeier

Viele sind im Grünen beisammen.
Begeisterung loht in hellen Flammen.
Ein Redner spricht und Fahnen wehn.
Zwar kann ich ihn nicht recht verstehn:
Indes, schon gut. —
Jetzt ist es aus.
Bravorufen und Saus und Braus.
Nun sitzen sie bei Speis' und Trank.
Zu beiden ermuntern ein Gesang.
Jung Volk erhebt sich zu Spiel und Tanz,
Von Walzer bis Ringelrosentanz.
All right! - hab' ich alles gesehn
Und kann wohl ein Stückchen weitergehn. —

Märchen

Märchen sitzt im Wald und spinnt
Auf einer stillen Wiesen.
Aber, wie so Geister sind:
Es hat seine Capricen. —
Hat zwei waldseetiefe Augen,
Die wollen nicht Jedem taugen. —
Kommt es aber auf zwei jungen,

Blanken Beinen durch den Busch gesprungen,
Weißt du dann das rechte Wort zu sagen,
Darfst du's mit ihm wagen.
So hat ich's gefunden.

Verbrachten zusammen gar holde Stunden.
Aber ist mir nun doch wie ein Traum. —

Mein Narr

Ein Capriccio im altdeutschen Ton
Hans Narr im Regenbogenkleid

Lehnt mir mir übern Gartenzaun;
Wie sehn uf eine Haiden breit.
Hilfgott, was gibts zu dieser Zeit
Im lieben Deutschland alls zu schawn!
Hans Narre reckt sein buntes Zepter —

Manch' Schelle kichert von seiner Kappen,
Von seinem Wams manch' bunter Lappen
Wimpelt im Winde —
Und nun präsentiert der Herr Präzepter
Sein pläsierlich Gesinde.
"Dieß seynd die Hochzupreißenden,

Sich standhaft stets Beweisenden,
Die Herrn Philister ehrenvest,
Wie sie von jener sei gewest.
Mein Freund, Respekt! und nit zu heiter!
In ihrer Wänst' und Schädel breiter

Erhab'ner Wölbung machtlos prallen,
Die Stürme ab, die die Jahrhunderte durchhallen.
Der Fortschritt hat gar lange Beine
Und käme leichtlicht aus dem Takte,
Hätt' ihre Tugend, das Kompakte,
Ihn nit von jener an der Leine.
Jetzt kommen die Unterscheidlichen

Und heuer Unvermeidlichen.
Hans Narr geriert recht als ihr Herr,
Gleichsam er Satan uf'm Blocksberg wär';
Denn Hexensabbat rechtens heiß'
Ihr unterscheidliche Tun und Fleiß.
Berta, die Friedenslerne eifrig,
Der ehrenwert' Doktor Sigl geifrig,
Antisemiten, Sozialisten,
Christlich-Soziale, und Zionisten.
Junker, Pfäfflein und Kolonisten;
Jud', Freisinn und Militarier,
Notleidend der Agrarier.
Politika heißt ihr weit Gebiet,
da man sie sehr beflissen sieht.
Schaw, dies ist nich ein großer Trost,
Genoss schier endlos an Genoss,
Gesinnungstüchtig anzusehn.
Loos' uf ihr herrlich Phrasengetön.
Nur uner solchem Wortgedrösche,
Riechts, wie gemein, gar sehr nach schmutz'ger Wäsche.

Dies sind die Emanzipierten,

Blaustrümpfig Ausstaffierten.
Loos' uf ihrn Lärm und ihren Gilf,
Als wie ein' Herde Staar' im Schilf.
Hier schaw die Nietzsch'eaner im Land,
Auch Übermenschen zubenannt;
Dies sei ein neue Spezies gar,
Mit Nerven und mit wirrem Haar;
Und han ein nagelneuen Sparrn,
Und sind die rechten Herrgottsnarrn.
Danach so kommen die Osten,
Als Symbol- und Naturalisten,
Die Aner, Janer und Asten,
Und sonstig' feine Kasten;
Schaw hie' der Rezensenten Heer.
Tauschen Schwarz und Weiß, als ob's nix wär'.
Sie gehn einher mit leeren Kopf,
Doch desto vollerm Tintentopf.
So gibts noch Kurzweil mancherlei.

Weiß nit, was da zu schelten sei.
Denn die sind aller Naaren Narrn,
Die davon ichten Leid erfahr'n,
Und schelten der Zeit Gebrechen sehr,
Und seind ein gallig eifernd Heer."
Ich han ein Rosengärtlein schön,

Darinnen pfleg' ich gern zu gehn.
Da liegt ein Weiher still und weit.
Drin rauscht und quillt zu jeder Zeit
Im lieben alten Licht der Sonnen
Mir ein gar lust'ger Wunderbronnen.
Des Brünnleins Unruh kunterbunt
Rührt doch nit dieses Weihers Grund.
Und acht' ich seines Spills genau
So ist's mir ein gar artig' Schau.
Des Sinns wohl dieser Rede merke:

So steht's mit allem Narrenwerke.
Quillt durch die Welt die Kreuz und Quer
Und rührt doch ihren Grund nit sehr;
Und ist zuletzt ein artig' Spiel
Und schaffet dir der Kurzweil viel.

Nach einem Abendmahl

Brot und Wein will ich preisen;
Denn einst wird es heißen:
Es sind nur noch die Wenigen da;
Und aus dunkeldurchwühlten Tagen,
Kamen sie von Fleisch- und Blutgelagen
Nun zu Nektar und Ambrosia.
Und einen Tempel seh' ich ragen:
In ihm herrscht nur noch Anangke-Sophia.

Neid

Siehst du die Fröhlichen tanzen?
Neid spielt auf

Und Neid hat nicht Zeit;
Das ist der Sinn
Der Fröhlichkeit.
Niemand spielt lustiger auf

Als der Neid...

Nie vergeß ich

Gold und Elfenbein ganz, so schick und so kapriziös
Und oft - so bös.
Ist es möglich?
Aber einen Sommerabend, einen langen,
Sind wir zwischen goldnen Garbenfeldern
Still und schweigend miteinander hingegangen.
Summtest da mit leisen Lippen
Das Liedchen, jene Melodie.
O Arme, Liebste, mit der ich da ging:
Nie vergeß ich sie; und niemals! Nie! —

Die anderen:
"Brot und Spiele!" —
Der eine:

Brot und Spiele —
Werdet ihr haben!
Brot und Spiele —
Habt ihr! —
Mit einem Lächeln,

Das ihr nicht mißverstehen sollt,
Laßt mich beiseite treten
Vom Lärm des Zirkus,
Von den Freuden der Tafel! —

Papa Opitz

Gleichwie das Taggestirn aus schwachen Wolken strahlet,
Und rings das Frühlingsfeld mit güldnem Schein bemahlet, —
Es blüht in neuer Pracht Ros', Lilie und Tulipan,
Narziß' und Ehrenpreiß, jed' Blümlein auf dem Plan, —
Gleichwie ob Paphos' Hain ein linder Zephir säuselt
Und in das helle Blau das Laub sich linde träufelt,
Von heimlichem Ergetzen recht inniglich beweget
Jed' winzig Blättlein sich für sanfter Wohllust reget,
Gleichwie das Sternenheer am nächt'gen Himmel schimmert,
Der noch der Tummelplatz von Aeols Brüderschaar
Hie kurz zuvor und ihres blinden Wütens war,
Indeß' jetzt still ein Glanz auf Wiesenbächlein flimmert:
So hat, o Cynthia! mich dein holder Reiz gerühret,
Davon dir jetzt von mir der höchste Preiß gebühret. —

Dreißigtausend Meilen hinterm Mond
Werden Steine zusammengetragen
Denn ein Schloß soll ragen,
Aus lauter silberblauem Schein;
Drin wohnt
Das allerköniglichste Jungfräulein,
Marlenchen fein. —
Nun mußt du wandern und wagen,
Sie soll Dein eigen sein. —

Plötzliches Gedenken

Aus der grauen Kühle
Lichtgün lacht ein Sang.
Oben steht ein rotes Häuschen,
Und drei hohe Silberpappeln rauschen.
Die du in mir bist,
Unser Herz
Schluchzt —
Vor Wonne? —

Rast

Müde trat ich, wandermüde
Zu der Zeit der Mittagsgluten
In die Halle, zu der Guten,
Ins Gefriede
Ihrer stillen Seele.
Und zwei Hände ruhten,
Kühl in heiß,
Zu der Zeit der Mittagsgluten...

Regen

Geht ein grauer Mann
Durch den stillen Wald,
Singt ein graues Lied.
Die Vöglein schweigen alsbald.
Die Fichten ragen so stumm und schwül
Mit ihrem schweren Astgewühl.
In fernen Tiefen
Vergrollt ein Ton. —

O du, du! - Nimm dich in acht!
Sitze nicht immer so da,
So versonnen,
So himmlisch licht
Von diesem milden Frühlingsgold umsponnen.
Und blicke nicht immer so die Rose an;
Die tiefdunkelglührote Rose an! —
Sitze nicht immer so da
Mit dieser feinen neckischen Nackenlinie
Und dann so jungfernzart und schelmisch diese
Losen blonden Löckchen ins Genick!
Dieser sanfte, zahme Blick,
Der die rote Rose sieht,
Nur die rote Rose sieht! —
Dieses Lächeln, diese Grübchen,
Wie zwei rosige Amorbübchen
Auf den Backen, am Kinn! —
O, wüßtest du, wie besiegt ich bin! —
Nimm dich in acht! —

Religion

Es war in Norwegen.
Ich erlebte da einen Augenblick,
Dort, in Norge:
Ganz erfaßte ich da,
Was Frömmigkeit,
Was Religion.
Ach, es gibt Stunden,

Da man Religion brauch!
Du gewinnst diese Zuversicht die's nötigt,
Dann selbst nicht aus dem Anblick des geliebtesten Gesichtes,
So tiefe Zuversicht es geben möchte,
Du mußt in dieses Grauen. Mußt!

Mußt ins Einsame!
Ins ganz Einsame!
Dich mußt Du wissen,
Dich mußt Du schauen.
Dich! Nur dies bestehn.
Besteh's!

Geh in diese Tiefe!
Tauche zum Grund. Zum Letzten!
Dort frage!
Ich wollte wissen,
Was eines Wikings Frommheit gewesen sei;
Doch ich lebte sie selbst.
In jenem Augenblick hab' ich sie gelebt.
Es offenbarte sich mir,
Es entschleierte sich mir
Religion.
Der Fjord!

Aber er ist gar nicht pathetisch,

Gor nicht ossianisch.
Kein gigantisches Gewölk,
Kein romantisches Düster,
Kein sturmgepeitschter erhabener Drang der Wogen.
Nein: sondern wirklich!

Sehr, sehr wirklich.
Nein: sondern es ist die tiefe, tiefe Einsamkeit des
Sommerfjords.
Endlos stahlblaues Gekräusel.

Die rauen Felsen starr aufgetürmt,
Mit goldiggrünen Flecken,
Mit lichtgrauen, bronzeroten und lila Flecken;
Mit weißblitzenden Firnen

In starren wolkenlosesten Azur
Des Sommerhimmels.
Dort stand ich,

In heißer Sommermittagsstunde;
In solcher Öde tiefster Einsamkeit,
Unromantisch wirklichster.
Und dieser Augenblick,

Da alles ein Schrei ward!
Nur ein kurzer, lichter, schlichter Schrei,
Der fein und hell
Von himmelhohen, gleißenden
Starren grauen Schroffen hallte! —
Das war alles.

Was nützen Gebete, Zeremonien?

Sie nützen so viel sie nützen.
Was Angst, Sorge, Selbstpein?
Starre wie das Schicksal!

Schweige! Schweige! Schweige!
Schweigend frage;
Harre, was sich gebiert.
Es ist Wille,
Ist Notwendigkeit.
Du bist Schicksal geworden.
Es hat sich etwas vollzogen.

Etwas ist geworden.
Ja, nur dieser Schrei.
Sein Wissen und sein Inhalt.
Und was tiefer, tiefer ist.
O tiefer, tiefer, tiefer noch als Wissen und Inhalt!
Denn welches Heiligtum ist wohl

Ein kurzes scharfes Krachen
In einer chemischen Retorte?
Welches Geheimnis, welches Heiligtum
Und welcher Sieg
Ein kurzes leises Brühen
Platzender Feuchte
Im Sand des Gestades?
Und, da sah ich Ihn!

O, ich hatte diese Freude, Ihn zu sehn!
Den Alten!
Den Jarl, den Karl, den Kerl, den Herzoge!
Ihn, der für sich ist.
Er kam, kam.
Und lange, lange, lange stand er.

Still und starr.
Im ganz Einsamen.
Im Wirklichsten.
In Nordlandöde.
Auf dem Vorsprung des Felsen.
Nur Meer, Fels und Himmel,

Und das gleißende Sonnenauge.
Und ich hörte Seinen Schrei,
Seinen kurzen, lichten, schlichten Schrei.
Und ich gewahrte Sein plötzliches, kurzes Sichwenden
Und Vondannengehn.

* * *

Der Jarl, der Karl, der Kerl, der Herzoge!
In der Sturmhaube,
Im Bärenpelz.
Rauhborstig, fahl wie Dünenhafer,

Der vor dem Grausen
Rauschender Endlosigkeiten starrt.
Sah den Bär,
Den alten, wetterfesten Meer-Igel,
Der Schrei,

Der kurze, lichte, schlichte Schrei:
Es war Sein Schrei.
Wie eines Seehunds Ruf,
Der plötzlich aus grenzenloser Meerstille bricht,
Der tiefste, brütendste Einsamkeit hell zerreißt.
Leben plötzlich!

Geheimnisbangen zerrissen.
Licht, Heimat, Tatdrang und Gewißheit,
Ziel und Sicht!
Nur das! Nur solcher Seehundsschrei!

Es war das stärkste Tier.
Es hatte seinen eignen Sinn.
Es lag allein.
Er schreit auf.

Und plötzlich siehst Du ihn in die Wogen stürzen.
Hat er etwas gefragt?

Hat er eine Antwort bekommen?
Trägt er vielleicht eine neue Zuversicht
In jene Tiefen?
Was war Grauen und bangstes Zaudern: Wozu?

Das war pressendste, starrste, bangste Stille.
Niemand sonst hätte so gefragt.
Doch sie wurde Frage, Antwort, wurde Zuversicht,

Du weißt nun:
Sie war, bedeutete
Frage, Antwort, Zuversicht.
Und nun geh von dannen,

Mit kurzem Ruck und schnellem Entschluß.
Rüste Deinen Seedrachen.
Durch fröhlichen, frischen,
Grünen salzigen Meerbraus
Tummle Dich hinab
In die südlichen wimmelnden Sonnenländer.

Riesenliebe

Riese liebte die Riesenmadam'.
Aber, bevor man zusammenkam,
Gab das Umstände! —
Sie war so spröde, wie Er in Feuer,
Und so nahm das Abenteuer
Gar kein Ende. —
Sein Kratzfuß warf drei Kirchen und Stadtteile um

Nebst zugehörigem Publikum. —
Vieh, Menschen, Städte und Dörfer traten sie tot,
Über das ganze Land kam die schwere Not. —
Aber, wie schon der Dinge Lauf:

Schließlich trat ein Spaßvogel auf
Und fand eben wieder mal bestätigt,
Wie kleine Ursach' große Wirkung hat.
Damit war dann für Land und Stadt
Das Riesenspektakel erledigt. —

Rune Ra

Rune Ra, in dieser gegenwärtigen Langweiligkeit,
Tröst' ich mich mit Deiner Heiligkeit.
Rune! Hoher Name! Altegyptens Sonnengott!

Tröster dieser Zeiten Hüh und Hott!
Das schon manchmal nicht mehr schön ist,
Verlassen so von Gott, wie Christ und wie Kamön' ist.
Rune Ra!

Strahlen, die durch Winterdünste brechen,
Über zwölf kahle Eichen, welche Winterstürme rechen,
Über welche Schaden, welche Dünste,
Welche faden Sumpft- und Schillerkünste.
Ach, wo jener Asterheld des ewig Flachen
Krächzen darf fein gottverlassen, götter-lästernd Lachen:
O wollt erwachen!...

Das große, lange, dunkelgraue Haus,
In der Winterdämmerung,
Auf dem großen, kahlen, weißen Platz.
Hat so viele garte Säulen, Kanten, Buckel;
Doch ein Schimmer liegt auf ihnen.
Von Mondlicht.
Von Mondlicht.
Bin der Bojar, bin Batuschka;

Trage ein dunkelgrünes, pelzverbrämtes Kleid.
Hyacinthlocken hängen über meine Ohren.
Ich habe Blitzeaugen
Und einen breiten blonden Bart,
Und eine Knute im Gürtel.
Eine Knute im Gürtel.
Das große, lange dunkelgraue Haus,

In der Winterdämmerung,
Auf dem großen, kahlen, weißen Platz:
Es ist mein Haus.
Mondlicht liegt auf ihm,
Mondlicht.
Bin mit der Troika gekommen.

Weither über die weißen Schneehaiden.
Bin mit der Troika gekommen
Über die weiten, weiten Schneehaiden.
Weither!
Weither.
Doch drinnen

Sitz' ich in der Halle.
Lacht Herdglut.
Singt der Samowar.
Kommt die schöne Marsa,
Die Bojarin, Matuschka.
Die Bojarin.
Tritt die schöne Marsa ein.

Kommt die Junge, das Täubchen, Marsa.
Die Bojarin tritt ein.
Sie trägt ein weißes Kleid
Mit einem bunten Saum.
Sie naht; langsam.
Ihre großen schwarzen Augen haften auf mir.
Langsam naht sie.

Aber ihr Herz zittert.
Es zittert ihr Herz.
Ich sah den Mond aufgehn,

Über der Schneehaide,
Über Tannendunkel.
Wie lachte mein Herz.
Marsa sah ich.
Matuschka.
Weither kam ich,

Über Schneehaiden.
Wölfen bin ich entronnen. —
Täubchen, weiße Birke,
Mondmütterchen,
Schenk' ein.
Immer soll's so sein.

Immer wird's so sein.
Immer wird's so sein.

Sacrmentum matrimoniale

Hier machen wir eine Reverenz
Und bedenken: wie lustig der Lenz,
Und die Liebe wie frei:
Ist immer ein wenig — Zweck dabei...

Schöpfung

In einer tiefen, schwarzen Nacht
Weint müde ein Verlangen,
Und das ist Wille
Und Macht. —
Das zittert in einem bangen
Klagelaut in die verhüllten Fernen
Und findet einen Weg durchs Trübe.
Weit, weit hinter den Sternen
Hört's die Liebe;
Und sie erwacht
Und wird Kraft,
Wirb eine zornige Wonne,
Die schafft
Eine neue, unbefleckte Sonne,
Um die kreist eine junge Welt
Von einem neuen Licht erhellt.
Ward aus einer tiefen, schwarzen Nacht,
Aus einem Verlangen.

Sehnsucht

Wie ich dich überall sehe, du Meine
Und Eine!
Immer du so fern-nah!
Gegenwärtig und doch nicht da!
Immer nur Spuren und Spuren. —
Viel, ach! wie viel!
Im Wandern folg' ich ihnen,
Zu welchem Ziel?
O du, o Dunkelgewillte!
Wann, wo empfängt der Niegestillte
Seine Ruh —

Sein Pech

Sobald das alte Bocksbein denkt,
Er wärs in neuem Bereich,
Springt wohlgepanzert in den Kreis
Ein Cherub alsogleich.

Siderien

Kennst du Siderien?
Das sind zwei Blumen,
Zwei sammetdunkle Nachtviolen...

Sommer

Grüne Schleier
Weit gesponnen.
Gleißend und gleitend. —
Ich sinke

In Farben und Sommerwärme,
Duftschwere, schwüle, summende Sommerwärme.
Steine Hand

Ruht in einem kühlen,
Leise kringelnden Braun,
Und meine trunkenen Sinne lächeln . . .

Spätherbst

1.

Wie ist mein Herz so müd und alt,
So müd und kalt! —
Die roten Hagebutten
Hängen über den Rain,
Ich starre in die welken Blätter hinein
Und suche
Nach jenen alten, warmen Ofenmärchen.

2.

Prinz Zuckerkant
Kommt ins Land
Seine Pracht schimmert auf gelben Blättern,
An Stamm und Kraut,
Auf dunklem Ackerbraun.
Wie heimisch ist sie zu schaun! - —
Nun könnt' ich hier immer so bei den grauen Weiden stehn
Und die blinkenden Tropfen fallen sehn! —

3. Am Kamin

   Alt, alt bin ich,
Wie der greise Wandrer, der nun kommt,
Und so still und dunkeläugig froh.
Ein kleines Liedchen

Hüpft und gaukelt immer so lieb
Und so schlicht über meinen Tiefen. —

Tiefe, blaue Ätherstille. —
Kein Hauch rührt die hohen Fichten.
Hier fand der ewig suchende Wille
Ein süß' Beschwichten.
Fern, weither nur hör' ich es rollen,
Wo aus den blauen Finsternissen
In den wilden Felsenriffen
Die schäumenden Waldwasser grollen. —
Still steht die Zeit.

Liebe vergessen und Lust und Leid. —
Der Waldtauber ruckt und gurrt,

Ein ferner Kuckucksruf.
O süßer Tod in Gräsern und Blumen! —

Stille Fahrt

Noch auf freiem Wagen fuhren wir durch das sonnige' Abend-
gelände.
Heimlich fanden sich unsre Hände,
Und Knie an Knie.
Da verstand und verband sich unser innerstes Leben
Und ruhte . . .
Aber um uns gab's viel Lärm und Geschwärm.
Da haben die anderen gesungen und gelacht
Und wir haben's so mitgemacht. —

Sünde

Durch hit Kornfelder schritten wir Hand in Hand.
Weit gebreitet lag das abendliche Land.
Im süßen Banne heimlich eins, Schreiten,

Träumten wir nur so, verloren, Korngold und die dämmernden
Weiten.
Da sahen wir das Dorf. Vom Turme klangen

Die Abendglocken; und da kam ein Bangen.
Leise löste sich deine Hand.

Und ich verstand. —
Verbotener Liebe heimliche Wege: nicht?

Trüb' und trüber ward mein Gesicht.
"Ist dir was?" — „Nein." —

Und morgen wird's wie heute sein. —

Taktur-Contaktus

O stummer Edelsinn, beredt mit Milliarden Zungen doch!
O Ur-Sinn, Spriritus Creator, o aller Sinne Sinn!
O Punkt - O, Mittelpunkt nur heiliger als Du,
Und einzig undurchdringlicher Sein Geheimnis nur!
Ur-Ruhe Er, in sechs und Milliarden Sinnen
Verlierend sich und ewig unersättlich sich erstrebend:
Aus Deinen Sommervollmondnächsten tauch' ich auf
An Auge, Lippe, Leib und Glied geweiht mit tiefer Weihe,
Hinfort Dein Dichter einzig, wie ich's war. —

Totengrüße

Diese blaßrote Hyacinthenblüte,
Und draußen die hellen, fröhlichen Winde
Über die braunen Schollen...
Wie sie damals sangen!

Was sie alles sangen!
Ach, und die liebe, alte Kuckucksuhr im Haus!
Und ich lausche der BIüte,

Lausche den jungen, wilden Winden;
Und der Kuckuck ruft wieder eine Stunde...
Bald!...

Tristan und Isolde

Die traurige Weise!...
Und wieder das raue Nordlandsmeer.
Endlos die wilden Wogen daher,
Und so zag und leise
In der brüllenden Öde die stille Weise...
Eurer Wonneleiden,

Eures einziges Schicksals banges Seelchen,
Ihr beiden!...
Bangste Lust, seligstes Leid,

Urmeergeboren erlöst,
Selig befreit
In die ewigen Kreise!...
Die traurige Weise...

Ursinn der ewigen Kreise...
Die stille Weise...

Trübes Wetter

Das Meer! - Das Meer - —
Die grauen Wolken hingen so trüb und schwer.
Ich sah nur ein weites Armebreiten,
Und wie ein dunkelsüßer Heimatston kam's her
Aus den nebelverhüllten, schluchzenden Weiten. —

Unsre Vormittagsstunde

Unsrer Vormittagsstunde gedenk ich.
Du bist bei Deinem Frühstück; ich sitze Dir gegenüber
Mit meiner Zigarette.
Die Sonn'- und Schattenspiele der alten Bäume vor den Fen-

stern
Über lachende Krokusflämmchen hinweg;
Und deine Märchen, deine Kinderliedchen.
Die Alltagsplaudereien, die ich so gern mochte;
Viel, viel lieber - sei nicht bös! —
Als wenn Du, moderne Frau, theoretisiertest. —
Deine Märchen, deine Kinderliedchen,

Und diese Plaudereien, voll der Anmut Andersens.
Und Dein Töchterchen,
Das im lichtblauen Flügelkleidchen
Auf dem Teppich Kobolz schoß.
Und der freundschaftlich weilende Handdruck zum Abschied

jedesmal.
Und jener Kuß,
Jener eine Kuß,
Den Du mir zum Geburtstag schenktest...

Urdrache

Horch! —
Der Sturm um das Haus! —
Heult, pfeift, weint, winselt
Mit hundert Stimmen. —
Horch!

Das ist der alte Urdrache!
Draußen in seinem Graus
Heult er durch seine einsame Nacht.
Heult sein uraltes,
Grausiges Lied von der Ewigkeit.
Horch! —

O küsse mich! —

Urgermanisch

Lacht und singt der Sonnenheld,
Einsam, eine einsame Stimme,
Durch die dunkle Urnachtwelt,
Knabe, der über den Friedhof pfeift...
Aber ist niemand so allein:

Harrt des Mannes
Die Jungfrau aus dem Drachenstein.
Schmeißt der Held den Drachen vom Stein in den Wald;

Lacht der Fräulein, daß der Himmel schallt,
Lachen die erlösten Wunder der Nacht!"...
Lenz! Tag! —

Sitzend an des Fjords Gestade,
Unter Nordlichts Strahlenkrone,
In der lichtgestirnten Meernacht,
Hört' ich Vorzeitsage raunen,
Steigen Kalewalastrophen:
"Wäinämöinen selbst, der Alte,
Rudert eines Tags auf Sümpfen,
Und auf See'n des andern Tages,
Und am dritten Tag im Meere,
Stehend auf des Hechtes Schultern,
Auf des roten Lachses Finnen."
O, an welchen Fjords Gestade,
Unter welcher Nordlichtkrone,
Und in welcher hohen Meernacht,
Kam dort welcher Lachs geschwommen!
Länger als des Narvals Länge,
Größer als der größte Walfisch.
Trug auf seines Rückens Wölbung,
Trug auf seines Hauptes Stirne,
Ihn, den tausendfach Genannten,
Einen seiner tausend Namen.
Wäinämöinen so wie Ihn,

Ihn den Alten selber trug er.
Stand auf seines Rückens Wölbung,
Seines breiten Hauptes Stirne,
Urgestalt, die Seine tragend;
Trug der großen, mystischen Kugel
Schimmerlichtgewirkt Idol;
Ihn den tausendfach Benannten,
Ihn den Alten selbst, den Alten;
Dreigeeinter Gottheit Form.
Silberfurchendreieck ziehend
Rauschte er durchs heil'ge Meer.
Und ich fühlt' in tiefem Schweigen:
Neues sollen wir erleben,
Tiefes will sich noch begeben,
Urlachs schickt sich an zum Sprunge.

Waldsonne

In die braunen, rauschenden Nächte
flittert ein Licht herein,
grüngolden ein Schein.
Blumen blinken auf und Gräser

und die singenden, springenden Waldwässerlein,
und Erinnerungen.
Die längst verklungenen:

golden erwachen sie wieder,
all deine fröhlichen Lieder.
Und ich sehe deine goldenen Haare glänzen,

und ich sehe deine goldenen Augen glänzen
aus den grünen, raunenden Nächten.
Und mir ist, ich läge neben dir auf dem Rasen

und hörte dich wieder auf der glitzeblanken Syrinx
in die blauen Himmelslüfte blasen.
In die braunen, wühlenden Nächte

flittert ein Licht,
ein goldener Schein.

Ins Englische übertragen von
© Bertram Kottmann:

Sun in the forest
A light shimmers

in the brown, rushing night,
a green-golden sheen.
Flowers shine forth and grass

and the singing, springing rivulets
and memories.
All your songs of joy

that faded away long ago:
golden is their awakening again.
And I see your lustrous golden hair,

and I see your bright golden eyes
shining through the green, whispering nights.
And I fancy I lie on the grass beside you

and hear you playing the shiny syrinx again
under azure skies.

A light shimmers

in the brown, rolling nights —
a golden sheen.

Um deine schönen Brauen schatten ein Sehnen, mir ein Bann.
O narre mich nicht länger, denn ich bin ein Mann! —
Lief dir nach über sieben Berge, durch sieben Thäler und den Zauberhain;
Alle Prüfungen bestand mein stolzer Wille, denn so muß es sein.
Und noch immer, noch immer fliehst du?
Was will unser Geschick? Gieb mir Ruh! —
Mir graust!
In meiner Seele grollt mein dunkelster Wille...

Weltendämmerungen

Weltendämmerungen!...
Und der neue Wille, der sich bereitet!...
Aus ihren uralten Felsennestern,

Von den Höhen,
Von Stürmen umgraust,
Von schwarzen Wettern umdunkelt,
Von bleichen Blitzen überflogen,
Kommen sie zu Thal,
Die Söhne der ewigen Unrast,
Die Ewigkeitskünder,
Und suchen ihre Schwestern,
Die wilden, fröhlichen Töchter der Sonne...
Und wollen in den Thälern wohnen,
Und wollen zeugen...

Wie die Liebe

Wie die Liebe
Ewig deine, meine ewig ungestillte Sehnsucht nach der
Heimat ist! —
Wie die Sehnsucht

Ewig deine, meine ewig unverlorene Heimat ist! —

Winter

Der schönste Cherub kommt.
Mit weitweißen,
Sanften Schwingen
Schimmert er durchs Dunkel:
Kalt, starr und grausig
Und süß wie der Wille Gottes,
Heimatliederumraunt. —

Wir schreiten immer weiter

Wir schreiten immer weiter.
Wir mußten uns bequemen,
Und manchen Abschied nehmen
Und sind so eigen heiter.
Wir schreiten auf dunklen Stufen

Hinab ins enge Thal,
Und hören im Abendstrahl
Unsre Toten rufen...

Zauberin Liebe

Mitten in der Haideöde
Wächst der Wachholderbusch,
Hell drüber steht der runde Mond.
Und ich sitze auf der Haide

Unter dem Wachholderbusch,
Sehe das lichte Gesicht, und wer wär's als du?
Und alle meine blauen Schafe

Sind auf wunderlicher Weide
Auf der Mondhaide
Unter dem Wachholderbusch.
Spazieren die Kreuz und Quer

Süßen Giftkrautes trunken.
Alle meine blauen Schafe.
Und meine gelben Wolfshunde knirschen

Ohnmächtig an diamantenen Ketten.
O käme der Tag! —